Pia Ibsen • Mina und das geheimnisvolle Restaurant

OMNIBUS

DIE AUTORIN

Pia Ibsen wurde 1956 geboren und lebt heute in Bergen. Bevor sie zum Schreiben von Jugendkrimis kam, hat sie vieles ausprobiert. So absolvierte sie z. B. eine Ballettausbildung in Oslo und New York, ließ sich zur Lehrerin ausbilden und arbeitete als freie Journalistin bei verschiedenen Zeitschriften und beim Rundfunk in Norwegen. »Mina und das geheimnisvolle Restaurant« ist ihr erstes Buch.

ÜBER DIESES BUCH

Mina ist dreizehn und lebt mit ihrer Mutter in der westnorwegischen Stadt Bergen. Zufällig schnappt sie in einem Restaurant aus dem Hinterzimmer Gesprächsfetzen auf; von »Bank« und »Bruch« ist da die Rede. Mina sieht die Männer nicht, die sich unterhalten, doch als am nächsten Tag eine Bankfiliale in der Stadt überfallen wird, fällt Mina dieses Gespräch wieder ein. Die Polizei, an die sie sich daraufhin wendet, glaubt ihr kein Wort – und so machen sich Mina und ihre Freundin Cecilie selbst auf, die Bankräuber zu finden.

»Mina löst das Geheimnis« wurde 1994 bei einem Wettbewerb des norwegischen Verlages Cappelen als bester Spannungsroman für Kinder ausgezeichnet.

Pia Ibsen

Mina und das geheimnisvolle Restaurant

Aus dem Norwegischen
von Gabriele Haefs

OMNIBUS

OMNIBUS

Band 20173

Der Taschenbuchverlag
für Kinder und Jugendliche
von C. Bertelsmann,
München

Umwelthinweis:
Dieses Buch wurde auf chlorfrei gebleichtem Papier gedruckt.

Genehmigte Taschenbuchausgabe Juni 1996

Übersetzung: Gabriele Haefs
Lektorat: Anna und Georges Mathieu
Umschlagillustration: Mats Bergen
Umschlagkonzeption: Klaus Renner
Herstellung: Stefan Hansen
Druck: Presse-Druck Augsburg
ISBN 3-570-20173-2
Printed in Germany

10 9 8 7 6 5 4 3 2 1

Inhalt

Die Stimme

Durch das offene Fenster war aus der Ferne eine Blaskapelle zu hören. Die Musik vermischte sich mit einer frischen Brise, die, jetzt nach dem Regen, endlich Frühling ansagte. Gott sei Dank, Ostern ist vorbei, dachte Mina, als sie an ihrem Schreibtisch am Fenster vor sich hinträumte. Dieses Osterfest hatte lange gedauert, noch länger als sonst. Jeden Tag waren sie und Siren, ihre Mutter, auf den Bergen der Umgebung herumgestapft. Mutter hatte Brote und heißen Kakao eingepackt und versucht, jeden Tag spannend werden zu lassen, aber Mina sah einfach keinen Sinn darin, Tag für Tag dieselben Ausflüge zu machen. Obwohl keine es erwähnte, wußten beide, daß sie diese Art von Ferien ein bißchen armselig fanden. Auch war Mina ein bißchen neidisch bei dem Gedanken, daß alle anderen verreisen, in Ferienhäusern und Hotels wohnen, und sich viel besser amüsieren als sie und ihre Mutter. »Glaub ja nicht, daß eine alleinstehende Mutter es leicht hat«, sagte diese oft, wenn Mina sich beklagte. Mina wollte ja auch nicht jammern, aber sie sah oft Familien mit Mutter, Vater und Kindern, und ob die Eltern ihre Kinder nun ausschimpften oder etwas Schönes mit ihnen unternahmen, immer verspürte Mina einen kleinen, neidischen Stich.

Hier gab es nur einen Ausweg. Mina suchte sich in der ganzen Wohnung die kleinen Münzen zusammen und zog

Turnschuhe und Jacke an. Höchste Zeit für Lesestoff und Knabberzeug, wenn dieser Nachmittag noch erträglich werden sollte. Der nächste Imbiß lag in der Øvregate. Eigentlich verdiente das Lokal den Namen »Imbiß« nicht, auch wenn er in verschnörkelter Schrift am Fenster stand. Es war eher ein Kiosk. Ein ziemlich karges Lokal, da waren nur ein Tresen und ein paar Regalbretter, und in einer Ecke eine schlichte Kochplatte mit einem Kessel, in dem immer ein paar aufgeplatzte Würstchen herumschwammen. Aber es gab Zeitungen, Zeitschriften und Süßigkeiten, also genau das, was Mina jetzt brauchte.

Die Tür zum Imbiß stand offen, und sie ging hinein. Es sah noch leerer aus als sonst. Auf dem Tresen standen Pappkartons, und aus dem Hinterzimmer hörte sie Stimmen. Mina überflog das Angebot an Zeitschriften, schnappte sich eine »Herzrevue« und fing schnell an zu lesen. Noch immer waren im Hinterzimmer die Stimmen zu hören, und Mina hörte mit halbem Ohr zu. Es waren zwei Männerstimmen, aber Mina konnte nicht verstehen, was sie sagten – sie murmelten, und nur ein paar Gesprächsfetzen drangen zu ihr durch. Manchmal konnte sie ein Wort aus dem Gemurmel herausfischen. Leo... Leo bedeutet Löwe, und Löwe ist ein Sternbild, das wußte Mina. Ihre Großmutter hatte ihr die Sternbilder beigebracht. Mina selber war Fisch. Vielleicht stand in der »Herzrevue« etwas über den Löwen? Und dann hörte sie das Wort »Bank«. Vielleicht würden in dieser Woche alle Löwen zu Geld kommen? Mina gab sich jetzt große Mühe, um herauszufinden, wovon im Hinterzimmer eigentlich die Rede war. Plötzlich hörte sie eine Stimme, die »Bankraub« sagte.

Mina stutzte. Hatte sie richtig gehört? Die eine Stimme war kaum zu hören, die andere war kräftiger und irgendwie auffällig. Irgendein Sprachfehler, überlegte Mina. »Muß ich das wirknich machen?« Dann war es wieder still, und Mina kam sich plötzlich blöd vor mit ihrer Horcherei. Lautlos legte sie die Zeitschrift wieder hin und ging so vorsichtig wie möglich durch die halboffene Tür auf die Straße. Sie lief durch die Øvregate, schaute sich aber mehrmals um. Niemand verließ den Imbiß, und obwohl sie doch gar nichts angestellt hatte, fühlte sie sich erst wieder sicher, als sie in ihre eigene Gasse einbog. Sie lehnte sich an die Hauswand und dachte nach. Hatte der Kerl wirklich »Bankraub« gesagt? Mina versuchte, sich genauer an das Gespräch zu erinnern und blickte immer wieder zur Øvregate hinüber, vielleicht kam ja doch endlich jemand aus dem Imbiß.

»Ach, hier treibst du dich also rum!« Mina zuckte zusammen und fuhr herum. Sie hatte nicht gemerkt, daß ihre Mutter aus der anderen Richtung kam. »Ich soll dich ganz lieb von Oma grüßen.«

Mina fand, daß ihre Mutter in ihren Jeans und dem selbstgestrickten hellen Wollpullover aussah wie ein junges Mädchen. Um ihre Osterbräune ein wenig länger zu behalten, hatte sie sich in einem Sonnenstudio eine Runde extra braten lassen. Sie hatte blonde Haare, und die Bräune im Gesicht und der helle Pullover ließen sie viel jünger aussehen, als sie war.

»Auf wen wartest du denn?«

Mina wußte nicht, was sie antworten sollte, und ehe sie sich's versah, hatte ihre Mutter sie am Arm gefaßt und lotste sie weiter durch die Gasse.

»Ich freu' mich schon darauf, wieder zur Arbeit zu gehen, trotz der vielen anstrengenden Rotzgören.« Mutter schloß die Wohnungstür auf und packte ihre Einkäufe aus. Wenn sie sich wieder auf den Kindergarten freute, hatte sie sicher lange genug Urlaub gehabt. »Freust du dich auch auf die Schule?« Mina brauchte nicht zu antworten, denn Mutter war mit sich beschäftigt und redete eigentlich ins Leere. Sie redete dermaßen überschwenglich und aufgekratzt drauflos, daß Mina kein Wort dazwischenschieben konnte. Als Mina trotzdem gerade versuchen wollte, von den beiden Stimmen im Imbiß zu erzählen, da klingelte es an der Tür.

Mina öffnete ihrer besten Freundin, Cecilie, die ein breites Lächeln in einem roten, sich pellenden Gesicht zeigte.

»Ach, du bist ja vielleicht braun«, rief Mina.

»Fast so braun wie du«, meinte Cecilie und versetzte Mina einen Rippenstoß.

»Mina hat eine goldene Haut.« Dies war Mutters Standardkommentar. Die Mädchen kicherten. Sie wußten beide, wie genau Siren darauf achtete, daß niemand Mina wegen ihres Aussehens hochnahm. Minas vollständiger Name war Melina Moya Monsen, und ihre Hautfarbe und die dunklen Locken hatte sie von ihrem Vater geerbt. Vor dreizehn Jahren hatte Siren sich in den chilenischen Flüchtling Eduardo Moya verliebt. »Wir haben uns wirklich geliebt, aber das ging vorbei«, hatte Mutter Mina erklärt. Sie reagierte immer ein wenig ausweichend, wenn Mina etwas über ihren Vater wissen wollte. »Du bist das Beste, was in meinem Leben passiert ist«, sagte Mutter immer. Mina hatte ihren Vater nie gefragt, ob er auch dieser Ansicht sei, denn er ließ sich nur

nur selten sehen. Oft meldete er sich monatelang nicht; einige Male hatte er sogar ihren Geburtstag vergessen. Er wohnte in Oslo und spielte in verschiedenen Bands. Wenn Mina an ihren Vater dachte, verspürte sie in ihrem Herzen eine wehmütige Sehnsucht nach einem richtigen Vater. Aber dieses Gefühl verflog auch immer wieder schnell.

Cecilie konnte von Ostern im Gebirge und jeden Tag Skilaufen erzählen. Mina wollte ja nicht neidisch sein, aber Cecilie hatte alles – einen Vater, der in einer Bank arbeitete, eine Mutter, die zu Hause war, zwei kleine Brüder, mit anderen Worten: eine ganz normale Familie. Cecilie war da ganz anderer Ansicht. »Das war überhaupt nicht witzig. Meine Mutter war sauer, weil die Wasserleitungen gefroren waren, und mein Bruder hatte Ohrenentzündung und schrie die ganze Nacht. Meine Mutter wollte nach Hause, aber mein Vater fuhr los, um Medizin zu holen.« Cecilie verdrehte die Augen und raufte sich die Haare, um die Osterstimmung wiederzugeben. »Und was hast du zu Ostern gemacht?«

»Jeden Tag einen Ausflug in die Umgebung«, antwortete Mina kurz.

Cecilie puhlte sich Hautfetzen von der Nase. »Hört sich besser an als die Hysterie, die ich aushalten mußte.«

Mina warf ganz schnell ein paar Bissen ein, dann zogen die Mädchen sich in Minas Zimmer zurück, das Minas Mutter ihre »Kemenate« nannte. Hinter geschlossener Tür konnten sie sich hemmungslos in »Romantik«, »Wahre Geschichten« und andere Teeniezeitschriften vertiefen.

»Stell dir vor, Cecilie, ich wollte heute die neue ›Romantik‹ kaufen, aber der Imbiß war leer. Niemand hinter dem Tresen. Aber weißt du, was ich dort gehört habe?«

Cecilie blickte von der Zeitschrift auf, ihr Blick war aber ziemlich traurig, was darauf hinwies, daß sie gerade eine heftige Knutschszene las.

»Ich konnte sie nicht genau verstehen, aber sie haben mehrere Male ›Bank‹ und einmal sogar ›Bankraub‹ gesagt.«

»Bankraub? Bist du dir ganz sicher?« Nun konnte Cecilie sich doch losreißen.

»Ganz sicher. Und einer von denen hatte einen Sprachfehler.«

»Bestimmt ein Alkoholiker. Die torkeln doch immer hier in der Gegend rum und sitzen im Imbiß, das habe ich selber schon gesehen. Der Heini hinter dem Tresen stinkt doch ewig nach Bier.« Cecilie wandte sich wieder ihrer Zeitschrift zu.

»Schon, aber das war nicht die Stimme vom Imbißheini!« Mina zerbrach sich den Kopf. Die Stimmen waren nicht die von Alkoholikern. Sie kannte einige von denen aus der Herberge in der Nähe ganz gut. Aber Cecilie hatte nicht unrecht, was den Mann hinter dem Tresen anging. Im Imbiß hing ein ganz besonderer Geruch, und der Verkäufer lallte immer stärker, je später es wurde. Manchmal hing ein Zettel an der Tür: »Wegen Krankheit geschlossen.« Aber die beiden Stimmen, die sie gehört hatte, hatten nicht gelallt, und sie gehörten auch nicht den lärmenden Säufern aus dem Viertel, da war sie sich sicher.

Cecilie wohnte in einem schönen Einfamilienhaus in Kalfaret. Mina begleitete sie ein Stück, und Arm in Arm gingen sie den steilen Hang zur Feuerwache Skansen hoch. Dort blieben sie stehen und blickten zurück auf die Stadt.

»Diese Ostern habe ich mich tierisch gelangweilt. Hoffentlich passiert bald mal was Spannendes«, sagte Mina vor sich hin. Sie faltete dramatisch die Hände und rief: »Mach, daß irgendwas passiert – egal, was!«

Wenn sie gewußt hätte...

Auf dem Heimweg schaute sie beim Imbiß vorbei, aber der war jetzt dunkel und geschlossen. Durch das Fenster sah sie, daß die Pappkartons immer noch auf dem Tresen standen.

Als Mina ihre Wohnung betrat, saß Mutter mit einem Stapel Briefe am Küchentisch. »Das ist nichts für dich, junge Dame. Ins Bett mir dir, sonst wirst du morgen nicht wach, am ersten Schultag verschläft man doch so leicht!«

Neugierig versuchte Mina, einen Blick auf den Brief zu werfen, den ihre Mutter in der Hand hielt, aber die fegte rasch alle Briefe zusammen. Mina wußte trotzdem Bescheid. Sie erinnerte sich noch gut an das letzte Mal, als ihre Mutter so viele Briefe bekommen hatte. Das war vor zwei Jahren. Offenbar hatte sie jetzt wieder so eine Kontaktanzeige aufgegeben. Die letzte war alles andere als ein Erfolg gewesen. Zuerst hatte Mutter einen Mann angeschleppt, der sich als Alkoholiker entpuppte. Der wurde bald zur Plage. Ein sentimentaler, ichbezogener Typ, der immer weinte, wenn er getrunken hatte. Es war gar nicht leicht für ihre Mutter gewesen, ihn wieder loszuwerden. Der nächste Briefschreiber war ein Eigenbrötler, der nur hinter vorgezogenen Vorhängen vor dem Fernseher sitzen wollte. Auch er wurde nach einigen unangenehmen Zwischenfällen verabschiedet. Danach hatte Mutter den Versuch aufgegeben, per Zeitungsannonce den Mann fürs Leben zu finden. Nein, Mina gefielen diese Briefe überhaupt nicht. Wenn sie nur nicht noch mehr Trottel an Land zieht, dachte sie, als sie ins Bett ging.

Der Banküberfall

Der erste Schultag nach den Ferien ist immer ganz besonders spannend. Es macht Spaß, alle aus der Klasse wiederzusehen, selbst die Dussel und die Sprücheklopfer. Nach der Schule kam Cecilie mit zu Mina, rief ihre Mutter an und bat, bei Mina essen zu dürfen. »Alles klar, dein Vater kommt auch nicht. In der Bank scheint irgendwas passiert zu sein«, sagte Cecilies Mutter.

Kurz nach fünf kam Siren müde von der Arbeit. »Schön, zu großen Mädchen nach Hause zu kommen«, sagte sie und ließ sich aufs Sofa fallen. Mina und Cecilie gingen einkaufen und machten das Essen: Würstchen und Kartoffelpüree. Sie sangen und juxten in der Küche herum, während Siren unter einer Zeitung schnarchte. Mina hatte sich eine Flasche Nagellack ihrer Mutter gekrallt, lachsrot mit Silberspuren, und sie und Cecilie lackierten sich Finger- und Zehennägel, kämmten sich gegenseitig und tobten vor dem Spiegel herum. Auch an diesem Abend brachte Mina Cecilie ein Stück nach Hause. Wieder blieben sie auf Skansen stehen und blickten auf die Stadt, die in Abendrot getaucht unter ihnen lag.

»Was soll in diesem Frühling passieren, was wünschst du dir?« Mina blickte Cecilie erwartungsvoll an. Die dachte sorgfältig nach, dann lächelte sie: »Ich will mich verlieben, ist doch klar.«

»So was Blödes, Mensch!« Mina war sprachlos. »Dich verlieben? In wen denn? In einen von den kleinen Kotzbrocken aus unserer Klasse?« Mina schauderte.

Als Mina nach Hause kam, hörte sie im Wohnzimmer den Fernseher laufen. Gerade kamen Nachrichten, mit vertrauten Wörtern wie Krieg, Zusammenbruch der Verhandlungen und anderen Phrasen. »Die Filiale wurde kurz vor Feierabend von einem Maskierten überfallen.« Mina spitzte die Ohren. Auf dem Bildschirm war ein Mann mit Wollmaske und Revolver zu sehen. Eine Bankangestellte stopfte Geldscheine in einen großen Sack, und der Bankräuber brüllte: »Anne auf den Boden, und zwar sofort!«

Die Stimme war nur undeutlich zu hören, aber Mina erkannte sie doch. »Das ist er!« Mina preßte ihr Gesicht an den Bildschirm. »Mama, siehst du den Mann da?«

Keine Reaktion. Mutter saß mit angezogenen Beinen in der Sofaecke und war in ihre Briefe vertieft.

»Mama!«

»Was für ein Mann?«

»Den da, Mama, der im Fernsehen!«

Mutter blickte auf, aber es war zu spät. »Das ist doch bloß Slyngstad, der Nachrichtensprecher.«

Mina stöhnte.

»In Westnorwegen hat der Frühling seinen Einzug genommen«, verkündete Slyngstad.

Mina wollte wieder von den Stimmen im Imbiß erzählen, aber Mutter war in ihre Briefe versunken und hörte nicht.

Ehe Mina an diesem Abend einschlief, dachte sie lange an die beiden Männer im Hinterzimmer des Imbiß. Sie war ganz sicher, daß der eine der Bankräuber aus dem Fernsehen war. Aber was sollte sie nun machen? Sie hatte nur eine Stimme gehört, das war wirklich kein Grund für großes Geschrei. Wenn sie die Männer doch bloß gesehen hätte! Morgen sehe ich mir den Imbiß ganz genau an, beschloß sie vor dem Einschlafen.

In der ersten Stunde schickte Mina Cecilie einen Zettel: »Etwas Spannendes ist passiert, mehr in der Pause.«

Als es endlich schellte, gingen die beiden Arm in Arm auf den Schulhof. Flüsternd erzählte Mina von dem Banküberfall, und Cecilie fiel ihr sofort ins Wort.

»Darüber weiß ich doch schon alles. Die Filiale von Nesttun ist überfallen worden, deshalb ist mein Vater gestern abend so spät nach Hause gekommen, und als er endlich da war, hing er stundenlang am Telefon. Der Bankräuber hat 200000 Kronen erwischt, und mein Vater mußte für die Angestellten aus der Filiale so einen psychiatrischen Notdienst rufen.«

»Ich habe den Bankräuber gehört«, sagte Mina.

»Red doch keinen Quatsch!« Cecilie blickte Mina mißtrauisch an. Sie hatte sich längst an Minas viele Einfälle gewöhnt.

»Das ist kein Quatsch. Ich hab' dir doch von den Männern im Hinterzimmer vom Imbiß erzählt.«

Cecilie nickte. Manchmal war sie ein bißchen langsam im Denken. »Weißt du, wer die waren?«

»Cecilie, das habe ich dir doch erst vorgestern erzählt, du hast wirklich ein Gedächtnis wie ein Sieb. Ich habe dir von den beiden Männern erzählt, die sich unterhalten haben, und der eine hat was von Banküberfall gesagt. Der andere hatte einen Sprachfehler, konnte kein ›l‹ aussprechen, oder so. Verstehst du, was ich damit sagen will?«

»Sprachfehler?« Cecilie sah verwirrt aus, offenbar konnte sie sich kaum etwas darunter vorstellen. Mina war plötzlich sicher, daß sie etwas Wichtiges wußte. »Vielleicht sollten wir zur Polizei gehen?«

»Aber was willst du denen erzählen? Daß ein Mann in einem Imbiß das Wort ›Banküberfall‹ benutzt hat?«

»Wir gehen nach der Schule zum Imbiß, jetzt wollen wir alles ganz genau wissen.«

An diesem Nachmittag rannten zwei Mädchen zielstrebig durch das Schultor in Richtung Marienkirche. Als sie den Imbiß erreicht hatten, blieben sie stehen und glotzten. Ein leeres Fenster, ein leeres Lokal und eine abgeschlossene Tür, das war alles. Es sah aus, als ob es hier nie einen Imbiß gegeben hätte.

»Verflixt, das hätte ich mir ja denken können.« Mina sah verzweifelt aus. »Gestern standen Pappkartons auf dem Tresen, und jetzt haben sie alles eingepackt und sich davongemacht.«

Cecilie glaubte, eine Idee zu haben. »Ich rede mal mit meinem Vater«, sagte sie optimistisch, um Mina zu trösten. »Vielleicht weiß der mehr über den Bankraub.«

Zu Hause beim Abendessen fragte Cecilie, ob der Bankräuber einen Sprachfehler hatte.

»Sprachfehler? Wie kommst du denn auf die Idee?«

Was sollte sie denn nun antworten? »Aus den Nachrichten. Ich glaube, er hatte einen Sprachfehler. Aber ganz sicher bin ich mir nicht.«

Vaters Gesicht war immer noch ein einziges Fragezeichen. »Na, davon weiß ich nichts«, sagte er, und dann tauchte er in seiner Zeitung unter. »Das überlasse ich lieber der Polizei.«

Die »Eiche«

Die *Eiche* war der Spitzname eines der Nachbarn in der steilen Gasse oberhalb der Marienkirche. Mina hatte ihn durch einen Zufall kennengelernt. Ihr war dieser Mann aufgefallen, der mit kleinen Schritten durch die Gasse ging und offenbar Probleme mit der Treppe zu seinem kleinen Haus hatte. Eines Tages war Mina hinter ihm hergegangen und hatte entdeckt, daß der Mann vielleicht noch gar nicht so alt war, obwohl er graue Haare hatte und einen Stock benutzte. »Soll ich Ihre Tasche tragen?« Und das war der Anfang einer seltsamen Freundschaft gewesen, die jetzt schon seit mehreren Jahren bestand. Mina half der *Eiche* beim Einkaufen, und er hatte sich als ein Mann entpuppt, mit dem sie wirklich reden konnte. Die *Eiche* war Philosophieprofessor und hatte eine Leidenschaft für Poesie und Wetten. Er wettete auf fast alles und verbrachte mehr Zeit mit dem

Ausfüllen seiner Tippzettel als mit seinen Vorlesungen an der Universität.

Am nächsten Nachmittag lief Mina die Treppe zu dem kleinen Haus hoch, das wie eingeklemmt zwischen den anderen Häuschen lag. Das Türschild aus Messing hatte die Inschrift »C. van der Eyk«. Das C. stand für »Carl«. Atemlos klopfte Mina, doch es dauerte immer eine Weile, bis die Tür geöffnet wurde. Endlich hörte sie schleppende Schritte, und dann tauchte die gebückte Gestalt der *Eiche* in der Tür auf. »Ach, du bist's, Mina. Welche Überraschung in meinem ansonsten so traurigen Alltag.« Freundlich schaute die *Eiche* über den Rand der Lesebrille.

»Soll ich für dich einkaufen gehen?«

Die *Eiche* schmunzelte. »Mal überlegen, was brauche ich denn? Die Haushaltshilfe war heute hier, im Grunde ist es also nicht nötig.« Er blickte Mina forschend an. »Aber vielleicht möchte die junge Dame auf einen Tee hereinkommen?«

Genau das hatte Mina sich erhofft. Sie folgte der *Eiche* durch den dunklen Flur in ein mit Möbeln vollgestopftes Wohnzimmer. Es roch nach Leder und Möbelpolitur, nach Pfeifentabak und verbrauchter Luft. In diesem Zimmer hielt die *Eiche* sich die meiste Zeit auf. Seine Krankheit ließ ihn immer mehr wie einen krummen Baum aussehen. »Bechterew« hieß diese Krankheit, die ihm große Schmerzen bereitete und ihn immer unbeweglicher machte. An manchen Tagen verfluchte der vornehme Professor sein Leiden. »Scheiß Bechterew«, sagte er dann und vergaß für einen Augenblick seine Herkunft aus einer feinen Bergenser Familie.

Der Tee wurde in dünnen Tassen serviert, und obwohl Mina gar nicht gern Tee trank, fand sie das Klirren des Porzellans und den Duft doch angenehm. »Und wie sieht das Leben so aus, junge Dame?« Die *Eiche* ließ sich in einem hohen Lehnstuhl nieder.

»Das Leben ist schon in Ordnung. Aber eigentlich wollte ich nicht mit dir über das Leben sprechen.«

Die *Eiche* hob die Augenbrauen.

»Ja, das Leben ist wie immer ziemlich langweilig, weißt du. Aber die Sache ist die, daß ich etwas über diesen Banküberfall weiß.«

Die Augenbrauen der *Eiche* hatten fast den Haaransatz erreicht, und der saß ziemlich weit oben auf seinem Kopf. Offenbar hatte er nichts von diesem Überfall gehört. Mina berichtete so gut es ging. Sie erzählte von den Stimmen, die sie gehört hatte, vom Bankräuber mit dem Sprachfehler, von der kurzen Videoaufnahme, die sie im Fernsehen gezeigt hatten. Die *Eiche* hörte ihr aufmerksam zu. »Interessant, ein Sprachfehler.« Die *Eiche* überdachte diese Auskunft und stellte Mina einige Fragen. »Hast du nur diese beiden Stimmen gehört, oder waren da noch andere?«

»Nein!« Mina war sicher, daß es nur zwei gewesen waren. Und was hatten die sonst noch gesagt? Mina gab zu, das nicht mehr zu wissen. Die *Eiche* dachte jetzt laut. »Aber was sollen wir jetzt machen? Die Polizei hat den Schurken ja vielleicht schon gefaßt. Wenn nicht, dann haben wir eine wichtige Information für sie. Der Bankräuber und ein weiteres Mannsbild haben irgend etwas mit diesem Imbiß zu tun, genauer gesagt, mit einem Kiosk, der plötzlich leer steht, abgeschlossen, vielleicht pleite ist. Du hast die Männer nicht gesehen und kannst den Bankräuber deshalb auch nicht beschreiben. Leider bringt uns das nicht viel weiter. Versuch doch, dich an weitere Einzelheiten zu erinnern!«

Mina zerbrach sich den Kopf. »Vielleicht habe ich doch etwas gehört, was mir nur jetzt nicht einfällt ... nein, beim besten Willen nicht.«

Darauf hielt die *Eiche* ihr einen Vortrag über mehrere Bewußtseinsebenen, doch das war zu hoch für Mina. »Ab und zu weiß man etwas, was man nicht weiß, oder man weiß etwas, ohne sicher zu sein, daß man es weiß... ja, vielleicht fällt dir noch mehr ein, wenn wieder etwas passiert. Ich glaube, wir lassen es erst einmal dabei. Leider ist das nicht genug, um die Polizei jetzt schon zu verständigen. Vielleicht kann deine Freundin diese Information durch ihren Vater, den Bankdirektor, weiterreichen, das wäre das Beste.«

Sie tranken Tee, sprachen noch ein bißchen über die Schule, und dann ging Mina zum Essen nach Hause. Vorher versprach sie aber, der *Eiche* sofort Bescheid zu sagen, falls etwas Neues geschehen sollte.

Eine Mutter auf Abwegen

Als Mina ihre Wohnungstür aufmachte, spürte sie sofort, daß etwas nicht so war wie sonst. Im Flur standen mehrere Tüten mit Kleidern, offenbar hatte ihre Mutter einen Einkaufsbummel gemacht.

»Hallo, Mutter!« Mina ging weiter durch den Flur. Ihre Mutter stand unter der Dusche. Sie sang eines von diesen hysterischen Opernstücken, die sie manchmal vortrug. Meistens beim Putzen, aber auch, um sich in Stimmung zu bringen, wie sie das nannte. Und hier war Stimmung angesagt, das konnte Mina sich schon denken. Ohne zu zögern ging sie zu Mutters Schreibtisch und öffnete die oberste Schublade. Dort lagen die vielen Briefe, mit denen Mutter in den letzten Tagen beschäftigt gewesen war. Ganz oben lag einer mit der originellen Einleitung: »Hallo, ich bin Schreiner, 37 Jahre alt, wohne in Bergen. Deine Anzeige bringt mich dazu, zur Feder zu greifen, und ich möchte Dich gern kennenlernen...«

Weiter kam Mina nicht, denn die Dusche wurde abgedreht. Rasch legte sie den Brief zurück. Die Mutter erschien, mit rotem Gesicht und in Handtücher eingewickelt. »Da bist du ja, Mina-Kind. Rat mal, was ich heute abend mache!«

Mina tat so, als habe sie nicht die geringste Ahnung.

»Ich hab' eine Verabredung in der Stadt. Ich kann dich doch für ein paar Stunden allein lassen? Willst du nicht mal Cecilie anrufen und fragen, ob sie hier übernachten möchte?«

»Und mit wem bist du verabredet, mit Leuten, die ich kenne?« Mina spielte die Unschuldige.

»Nein, den kennst du nicht, und es wird auch nicht spät. Du bist doch bald dreizehn, großes Mädchen.« Mutter küßte Mina auf die Wange. Sie duftete nach Seife oder Creme, eine Mischung aus frisch geduschten Haaren und sauberer Haut, frisch und doch irgendwie fremd. Mina hätte gern weiter gefragt, hielt es aber für besser, damit noch zu warten.

Cecilie durfte bei Mina übernachten, nachdem beide versprochen hatten, rechtzeitig ins Bett zu gehen. Eine Viertelstunde später war sie zur Stelle, und die beiden Mädchen wurden als Kleiderberaterinnen angeheuert. Minas Mutter war sichtlich nervös. »Es ist bloß eine normale Weinstube, ich gehe nicht auf einen Ball«, sagte sie, während sie ein Kleidungsstück nach dem anderen überstreifte und wieder weglegte. Siren war nicht groß, und im Laufe der Jahre hatte sich ein Teil ihres Gewichtes auf Hintern und Oberschenkel verlagert. Die Mädchen betrachteten die Kleidungsalternativen kritisch und fanden schließlich, sie solle einen langen Rock und eine weiße Bluse anziehen. »Die Bluse betont deine schöne Bräune.« Cecilie redete wie eine Expertin.

Als Mutter endlich losgegangen war, sah Mina Cecilie an und sagte: »Das hier gefällt mir nicht. Meine Mutter trifft sich wieder mit irgendeinem Mann, und ich will wissen, auf was für einen Heini sie diesmal reingefallen ist.«

»Himmel, das ist ja spannend, ein Mann, fast wie in ›Romantik‹!« Cecilies Augen strahlten.

»Wir werden sie heute abend bespitzeln«, erklärte Mina energisch.

»Wäre das nicht blöd von uns? Meine Mutter ruft bestimmt gleich an und will wissen, ob wir schon im Bett sind«, erwiderte ihre Freundin.

»Wir legen einfach solange den Telefonhörer daneben.«

Mina war sehr erfinderisch, wenn sie etwas durchsetzen wollte.

Zum Glück hatte Siren den Namen der Weinstube erwähnt, die beiden Mädchen warteten ein Weilchen, dann machten sie sich auf den Weg in die Stadt. Es regnete ziemlich heftig, und die Regentropfen hingen ihnen wie Perlen an den Haaren. Sie gingen schnell, und bald hatten sie die enge Straße erreicht, wo nur ein Fenster leuchtete, das der Weinstube. Mina zog eine Schirmmütze aus der Tasche, während Cecilie ihre blonden Haare in ihrer Kapuze verbarg. Ruhig spazierten sie am Fenster vorbei, und beide entdeckten Siren weiter hinten im Lokal. Sie saß an einem kleinen Tisch, und der Mann, mit dem sie sich hier traf, war durch andere Gäste verdeckt.

»Verflixt, ich kann ihn nicht sehen. Geh noch mal vorbei, Cecilie!« Mina wartete, während Cecilie noch einmal vor der Weinstube hin und her lief und dabei immer langsamer wurde. Sie reckte ihren Hals, um besser durch das erleuchtete Fenster schauen zu können.

»Er sitzt genau hinter den Leuten am Fenstertisch. Ich kann nur sehen, daß er blonde Haare hat.«

Mina konnte sich nicht beherrschen. Dicht von Cecilie gefolgt, ging sie zum Fenster, stellte sich auf die Zehen und preßte die Nase an die Fensterscheibe. In diesem Moment sah Mutter sich um, und für einen Moment hatte Mina das Gefühl, ihr in die Augen zu blicken. Erschrocken fuhr sie zurück und packte Cecilie am Jackenärmel. »Sie hat mich gesehen, ich glaube, sie hat mich gesehen!«

Die beiden rannten weg. Zwei Männer kamen ihnen entgegen, von denen einer sichtlich schwankte. Ein großer, kräftiger Bursche stützte ihn. Als sie an ihnen vorbei waren, blieb Mina plötzlich stehen. »Das war doch der aus dem Imbiß! Der Schwankende, hast du den nicht erkannt?«

Cecilie schüttelte den Kopf.

»Komm, wir gehen hinterher.« Nach kurzem Zögern machten die beiden Mädchen kehrt und folgten den Männern. Ganz offensichtlich wollte der Schwankende nicht weggeführt werden. Er protestierte immer wieder und versuchte, sich loszumachen. Mina und Cecilie trauten sich nicht näher an die beiden heran. Kurz vor der Weinstube zerrte der große Mann den Schwankenden in eine dunkle Gasse. Mina und Cecilie dachten kurz nach, dann schlichen sie weiter hinterher.

Zwei auf die Nase und eine aufs Kinn

»Ich hab' nix verraten, ich schwör's, ich hab' den Bullen kein Wort gesagt!« Das war die tränenerstickte Stimme des Mannes, der jetzt gegen die Mauer gepreßt wurde. Er stöhnte und versuchte, sich aus dem Griff des anderen zu befreien.

»Fresse hanten, Schnaksi!«

Mina und Cecilie erstarrten zu Salzsäulen. Die Gasse war dunkel, und es stank beißend nach Katzenpisse. Ruhig, ohne das arme Würstchen loszulassen, das am Verputz klebte, drehte sich der Riese zu den Mädchen um. Sie konnten nur seine Umrisse sehen, die Dunkelheit verbarg sein Gesicht. »Verzieht euch, Mädens.« Er sprach ruhig, mit heiserer Stimme.

Das ließen sie sich nicht zweimal sagen. Wie auf Kommando drehten sie sich auf dem Absatz um und stürzten aus der Gasse, über die Straße und den großen offenen Platz. Kurz vor der Øvregate blieb Mina stehen. »Warte, Cecilie! Das war die Stimme. Der, der uns weggejagt hat, war die Stimme vom Banküberfall. Hast du seinen Sprachfehler nicht gehört? ›Mädens‹, hat er gesagt!« Cecilie lehnte sich keuchend an eine Bank.

»Bist du dir sicher?«

»Ganz sicher, das ist der Bankräuber! Wir müssen zurückgehen.«

»Nie im Leben, ich gehe nicht zurück!« Cecilie ließ sich auf die Bank fallen und preßte sich die Hand in die Seite. »Ich habe Seitenstiche, und ich will mit Bankräubern nichts zu tun haben.« Mina wollte das ja auch nicht, aber sie mußte trotzdem umkehren, um sich den Mann anzusehen.

»Du hast doch selber gesehen, daß er den anderen schlagen wollte. Und ich will keine Prügel! Aber wenn du Lust auf zwei auf die Nase und eine aufs Kinn hast, kannst du ja zurückgehen.« Cecilie ließ sich nicht erweichen.

»Hier sind die Wohnungsschlüssel. Warte hier zehn Minuten, wenn ich dann noch nicht zurück bin, dann geh zu mir nach Hause! Aber ich bin sicher gleich wieder da«, sagte Mina mit hoffnungsvoller Stimme. Mit hämmerndem Herzen kehrte sie um, vorbei am Fenster der Weinstube, hinter dem ihre Mutter saß. Kurz danach hatte sie die Gasse erreicht. Sie hielt den Atem an und lugte um die Ecke. Die Gasse war dunkel und ganz leer. Vorsichtig ging sie weiter durch die Dunkelheit. Es war ganz still, und der beißende Geruch der Katzenpisse quälte sie. Sie ging zu der Stelle, wo die beiden Männer gestanden hatten. Sie wußte nicht, ob sie enttäuscht oder erleichtert darüber sein sollte, daß sie weg waren. Als sie wieder gehen wollte, sah sie auf dem Boden etwas blinken. Sie hob es auf und verließ die Gasse. Unter einer Laterne öffnete sie ihre Faust: Es war ein Messingknopf mit einem Anker darauf, und etwas Rotes, Klebriges verschmierte den Knopf. Blut?

Anonyme Tips

Cecilie hatte gewartet. Als sie nach Hause kamen, waren beide naß und kalt. Mina zeigte Cecilie den Knopf, aber die fand, der könne doch aller Welt gehören. Es war so dunkel in der Gasse gewesen, daß die Mädchen nicht sehen konnten, ob einer der Männer solche Knöpfe hatte. »Ich hebe ihn auf, vielleicht ist das ja doch eine Spur.« Mina wickelte den Knopf in ein Stück Papier und steckte ihn in ihr Portemonnaie.

Der Telefonhörer auf dem Tisch summte immer noch. Kaum hatte Cecilie ihn wieder auf die Gabel gelegt, klingelte auch schon das Telefon, und die beiden Mädchen fuhren zusammen.

»Ich wette, das ist meine Mutter«, sagte Cecilie, ehe sie den Hörer wieder abnahm. »Kamelverleih Monsen.« Cecilie schnitt für Mina wilde Grimassen. »Natürlich bin ich es, Mutter. Nein, alles in Ordnung. Besetzt, ja, nein, doch.« Cecilie zog weiter Grimassen. »Du weißt doch, Minas Großmutter ruft pausenlos hier an und redet wie ein Wasserfall.« Cecilie hielt sich den Hörer vom Ohr weg, und eine Art Donaldgequäke scholl aus der Muschel. Die Mädchen mußten sich den Mund zuhalten, um nicht laut loszuprusten. »Selbstverständlich, Mama, wir sind schon unterwegs ins Bett. Die Zähne haben wir auch geputzt...« Dann wieder Donaldgequäke. »Nein, ich bin nicht frech. Gute Nacht, Mama.«

»Das hast du gut gemacht!« Mina sah ihre Freundin anerkennend an. »Rufen wir die Polizei an, und erzählen wir von den Männern in der Straße? Und daß der eine ganz sicher die *Stimme* ist?«

»Dann müssen wir sagen, wer wir sind.«

»Müssen wir nicht, wir können anonym bleiben.« Mina hatte sich das schon überlegt und wußte, daß diese Aufgabe ihr zufallen würde. »Mit meiner Mutter zu telefonieren ist was ganz anderes als mit der Polizei«, murmelte Cecilie und machte Platz, und Mina wählte die Nummer der Polizei.

»Polizei Bergen.«

»Äh, ich wollte nur was ausrichten.«

»Wem denn?«

»Ich wollte nur... euch was über den Bankraub sagen.«

»Mit wem spreche ich?« Der Polizist am anderen Ende der Leitung klang jetzt sehr energisch.

»Ja, also, das ist ein anonymer Anruf, der Bankräuber... der Bankräuber ist noch in Bergen, er hat einen Sprachfehler, und er hat einen Mann bedroht, heute abend, in einer Gasse...« Jetzt wußte Mina nicht mehr weiter.

»Ganz ruhig, junge Dame, ja, du bist doch noch sehr jung, nicht wahr?«

Mina war verwirrt, und ohne nachzudenken, legte sie den Hörer auf die Gabel.

»Was soll das denn? Das hättest du nicht tun dürfen!« Cecilie sah sie vorwurfsvoll an.

»Ich hatte schweißnasse Hände und wußte nicht mehr, was ich sagen sollte. Wenn du meinst, das sei alles so einfach, dann ruf doch selber an!« Sie stritten sich noch eine Weile, doch keine der beiden griff erneut zum Hörer.

Bei der Polizei kratzte sich ein Angestellter am Kopf. Eine Mädchenstimme hatte etwas über den Banküberfall gesagt. Ob er das ernst nehmen sollte? Nachdem er sich noch einmal gekratzt und sich alles überlegt hatte, schrieb er eine Notiz für die Ermittler, die an dem Fall arbeiteten. Datum und Uhrzeit des Anrufes wurden sorgfältig notiert: Anonyme Anruferin, vermutlich junges Mädchen, wg. Banküberfall. Der Bankräuber hat einen Sprachfehler und hat in einer Gasse einen Mann bedroht.

Als Siren nachts munter und glücklich die Wohnungstür aufschloß, brannte bei Mina noch Licht. Sie ging hinein und betrachtete die beiden schlafenden Mädchen. Sie sahen so unschuldig aus, Mina mit ihren dunklen Locken auf dem Kopfkissen, Cecilie mit ihren langen, glatten, blonden Haaren. Als sie das Licht ausknipste, hörte sie Mina im Schlaf murmeln. Sie blieb stehen und horchte. »Die *Stimme*«, murmelte Mina. »Die *Stimme.*«

Eine Großmutter mit Polizeifunk

Jeden Donnerstag kam Minas Großmutter, Alfhild, zum Essen. Sie war eine lebhafte Witwe von über siebzig, und sie verteilte ihre Zeit auf zahllose Verabredungen und Hobbys.

»Donnerstag ist Fuß- und Einkaufstag«, sagte sie. Das bedeutete im Klartext, daß sie zuerst zur Fußpflege ging, dann mit einer Freundin Kaffee trank, danach einkaufen ging, um sich schließlich gegen vier Uhr in der Residenz der Monsens einzufinden.

An diesem Donnerstag war Mina ganz besonders gespannt, denn die Großmutter kam gerade aus Spanien zurück und hatte ihrer Enkeltochter sicher ein schönes Geschenk mitgebracht. Es gab immer Geschenke. Um Punkt vier hörte Mina unten die Haustür, und schon rief die Großmutter im Treppenhaus: »Ho, ho, hier ist Oma...« An diesem Donnerstag hatte sie noch mehr Einkaufstüten als sonst. »Ein paar Überraschungen für mein Mina-Kind.« Diesmal bekam Mina zwei Geschenke und noch mehr herzliche Küsse.

»War es denn schön, Oma?«

»Wunderbar, ich konnte baden und mich sonnen und sogar tanzen. Leider waren zu viele Greise im Hotel. Ja, du weißt, was ich meine, ich bin ja auch alt, aber wenn jeder Mann einen Stock oder eine Krücke hat, dann sieht es schlecht aus mit Tangotanzen.« Während Großmutter weiter erzählte, fing sie mit dem Kochen an. Das war ihr Donnerstagsritual, reden und das Essen fertig haben, wenn Siren nach Hause kam.

Das erste Geschenkpaket enthielt Ohrringe und eine Halskette. »Perlen machen sich so gut auf deiner Haut«, sagte Großmutter.

Das zweite enthielt ein schönes weißes Flakon mit Parfüm.

»Parfüm für mich?«

»Ja, das wurde im Flugzeug verkauft, und du bist doch jetzt ein großes Mädchen. Du fängst doch bestimmt bald an, dich zu schminken?«

Mina lachte und küßte ihre Großmutter auf die Wange. Sie sprühte sich ein wenig Parfüm auf den Hals und war erstaunt über den starken Duft.

Großmutter und Mutter, ja, alle Monsenfrauen, auch Mina, redeten viel. Alfhild schälte Kartoffeln und erzählte dabei von Spanien und wie langweilig es doch sei, nach Bergen zurückzukommen. »Ich habe letzte Nacht übrigens von dir geträumt, Mina. Du hast etwas gesucht. Vielleicht sollte ich mal meine Karten befragen? Du hast doch hoffentlich keine Probleme?«

Mina hielt mitten im Serviettenfalten inne. Sie wußte, daß ihre Großmutter über ziemlich viel Intuition verfügte, wie sie das nannte, und daß sie ab und zu die Karten legte. Siren mochte diese Wahrsagereien nicht. Hör mit dem Unfug auf, Mutter! Du setzt Mina nur Flausen in den Kopf, war ihr Kommentar.

»Nein, ich habe keine Probleme, aber leg mir trotzdem die Karten!«

Schnell setzte Alfhild die Kartoffeln auf. »Wir müssen uns beeilen, ehe Siren kommt«, sagte sie und mischte. Es waren ganz normale Patiencekarten, und Mina begriff nie so richtig, was Großmutter da machte. Wenn sie es nicht besser gewußt hätte, dann hätte sie glauben können, die Großmutter legte eine ganz normale Patience.

»Ach, ein König und ein Bube, was soll das heißen? Zwei Männer in deinem Leben, hast du einen Freund?« Mina schüttelte den Kopf. Wirklich nicht, sie interessierte sich nicht für Jungen, das wußte Großmutter genau. »Was ist das?« Alfhild musterte die Karten sehr lange. »Ich sehe Gefahr, dir steht Schlimmes bevor.« Mina fuhr zusammen. Sie hätte gern vom Banküberfall und der *Stimme* erzählt, aber dann hätte Großmutter sich bloß Sorgen gemacht. »Nimm dich in acht, Mina-Kind, die Karten lügen nicht«, sagte Alfhild und packte die Karten zusammen.

Sie machten sich wieder an die Arbeit, und als das Essen fertig und der Tisch gedeckt war, brachte Alfhild eine Nachricht, die Mina aufhorchen ließ. »Gestern hat es nicht weit von hier einen Überfall gegeben. Ein Mann ist schwer verletzt unten am Hafen aufgefunden worden. Er war zusammengeschlagen worden. Meine Güte, all die Gewalt heutzutage!«

»Hast du wieder Polizeifunk gehört, Oma?«

»Ein bißchen Unterhaltung brauche ich ja wohl auch. Die Polizei hat von einem alten Bekannten gesprochen, Aslaksen oder so. – Ja sieh mal einer an, Schlaksi in einer Blutlache. Na so was, sagte sie. Der arme Mann hat sich noch zum Taxistand schleppen können. Sie haben einen Krankenwagen gerufen, und jetzt ist er sicher im Krankenhaus.«

»Haben sie sonst noch was gesagt, Oma?« Mina bemühte sich, so gleichgültig wie möglich zu wirken. Aber

»Schlaksi«, diesen Namen hatte doch auch der Riese in der Gasse genannt.

»Wo bleibt denn deine Mutter?«

»Haben sie sonst noch was über den Überfall gesagt?«

»Nein, das war sicher nur so ein armer Suffkopp. Müßte Siren nicht schon längst hier sein? Wie geht es ihr denn überhaupt zur Zeit?« Alfhild blickte Mina forschend an.

»Ja, hm, gut, glaube ich...« Großmutter ließ sich nicht hinters Licht führen. Sie hatte schon Lunte gerochen.

»Was, ist da wieder ein Mann im Spiel?«

Mina konnte sich nicht herausreden. Doch dann hörten sie die Haustür, und sie zwinkerte Großmutter vielsagend zu.

»Nun sag schon, was ist das für einer?« Alfhild machte große Augen und wollte Namen und Adresse hören.

»Das weiß ich nicht, sie hat sich gestern zum ersten Mal mit ihm getroffen, aber sie ist ein bißchen... na ja, du weißt schon.«

Großmutter nickte. »Total durchgedreht, heißt das.«

Der Knopf

Aslaksen – Schlaksi, Aslaksen – Schlaksi, diese Namen wirbelten Mina immer wieder durch den Kopf. Sie hatte das Gefühl, daß dieser Schlaksi etwas mit dem Überfall zu tun hatte. Er hatte im Imbiß gearbeitet, und dort hatte sie die *Stimme* gehört. Zwischen dem Bankraub, Schlaksi und der *Stimme* gab es einen Zusammenhang, da war sie sich sicher.

Am nächsten Tag erzählte Mina Cecilie, was Großmutter im Polizeifunk gehört hatte. Die Weissagung der Karten verschwieg sie, aber daß ein Mann zusammengeschlagen und ins Krankenhaus eingeliefert wurde, paßte zu dem, was die Mädchen in der Gasse beobachtet hatten. Und die Polizei hatte den Mann auch Schlaksi genannt – Cecilie fuhr hoch, als sie das hörte. Schlaksi! Sie hatte schließlich auch gehört, wie der Riese sagte: »Hant die Knappe, Schnaksi!« Die Mädchen diskutierten eifrig, und Cecilie meinte, daß die beiden vielleicht nicht nur in den Banküberfall verwickelt waren. Vielleicht waren das auch noch Mörder!

»Nicht übertreiben, Cecilie. Vorläufig haben wir nur ein paar Spuren in Verbindung mit dem Überfall auf die Bank deines Vaters.«

»Das ist nicht die Bank meines Vaters. Das ist bloß eine Filiale, eine miese kleine Bank oben in Nesttun.«

»Das weiß ich doch. Ich würde gern mal im Krankenhaus vorbeischauen und mir diesen Schlaksi einmal aus der Nähe ansehen. Aslaksen, meine ich. Kommst du nach der Schule mit?«

»Geht nicht, ich habe meiner Mutter versprochen, daß ich heute auf die Rotzgören aufpasse.« Die Rotzgören waren Cecilies kleine Brüder von drei und fünf Jahren. »Ich kann erst ziemlich spät wieder weg.« Cecilie war sichtlich erleichtert.

»Dann fahr' ich eben allein.« Mina war ein bißchen sauer auf Cecilie. Sie war zwar nicht gerade feige, aber ausgesprochen mutig war sie eben auch nicht. Wie gelegen ihr doch das Babysitten kam!

»Was willst du denn sagen? Die lassen dich doch sicher nicht rein!«

»Mir fällt schon was ein«, sagte Mina.

»Und wenn er nicht da ist?« Cecilie ließ nicht locker.

»Er ist da!«

Zu Hause lag auf dem Küchentisch eine Nachricht von ihrer Mutter: Ich bin zum Aerobic, komme später. Morgen gehen wir Pizza essen, mit einem Freund von mir, der dich gern kennenlernen möchte. Gruß, Mama. Darunter hatte sie so ein blödes Smiley-Zeichen geklebt.

Mina gefiel das alles überhaupt nicht. Ihre Mutter schien ja wirklich total verknallt zu sein. Sie war zum Training gegangen, zum ersten Mal seit einem ganzen Jahr. »In meiner Freizeit trainiere ich lieber meine Gehirnzellen«, sagte Mutter immer. »Im Kindergarten gibt es mehr Gymnastik, als mir lieb ist.« Das Training sollte sie nur attraktiv für diesen neuen Freund machen. Mina sandte ein Stoßgebet los, hoffentlich hatte ihre Mutter nicht so einen Fitneßheini aufgegabelt.

Zum Krankenhaus mußte sie immer bergauf radeln, egal, für welche Straße sie sich entschied. Mina fuhr über Leitet und Kalfarlien, denn da war nicht soviel Verkehr, und sie kam an großen Gärten mit schönen Blumenbeeten vorbei. Das war wichtig für ihren Krankenbesuch. Vor dem Gartentor einer Villa in Kalfaret hielt Mina an. In kurzer Zeit hatte sie einen schönen Tulpenstrauß gepflückt und in ihrem Fahrradkorb verstaut. Stehlen ist gemein, hatte Mutter ihr eingeschärft, aber Mina tröstete sich damit, daß dieser Diebstahl einfach nicht zu vermeiden war.

Am Auskunftsschalter im Krankenhaus bat Mina mit klarer Stimme um Aslaksens Zimmernummer. Die Frau hinter dem Schalter sah sie nur kurz an. »Weißt du, auf welcher Station er liegt?«

Mina schüttelte den Kopf.

»Und wie heißt er mit Vornamen?«

»Äh, öh, er ist mein Onkel, und wir nennen ihn immer Onkel Benny.«

»Wir haben keinen Benny Aslaksen, nur einen Hans. Liegt in der Chirurgie, Zimmer 302.«

Das mußte er sein.

Die Frau zeigte auf den Fahrstuhl. »Im dritten Stock, und dann den Schildern nach. Zimmer 302.«

Mina machte einen Knicks, bedankte sich und lief zum Fahrstuhl.

»Aber jetzt ist keine Besuchszeit!« rief die Frau ihr hinterher.

Mina verirrte sich mehrmals, ehe sie sich in dieser Krankenhausmaschine mit den zahllosen Gängen, den großen Doppeltüren und den Menschen, die mit ihren Betten durch die Gegend geschoben wurden, einigermaßen zurechtfand. Als sie endlich vor Zimmer 302 stand, trat ihr eine sehr energische Krankenschwester in den Weg. Mina machte ihr allerunschuldigstes Gesicht. »Ich weiß, daß jetzt keine Besuchszeit ist, aber ich konnte nur heute, und mein Onkel würde sich so sehr freuen...« Mina konnte aus ihrem Augenwinkel ein Tränchen hervorzaubern. Sie hatte ihre eigene Technik für diesen tränenseligen Blick. Sie stellte sich einfach vor, ihre Mutter und ihre Großmutter seien tot, und schon traten ihr die Tränen in die Augen. Es wirkte immer. Auch die Krankenschwester ging ihr auf den Leim und sagte: »Alles klar, weck ihn aber bitte nicht! Er braucht Ruhe.«

Vorsichtig öffnete Mina die Zimmertür. Zum Glück war es ein Einzelzimmer. Aslaksen schlief, und sein eines Bein lag auf der Bettdecke. Er hatte einen Verband um das Knie, und sein Bein war übersät mit blauen Flecken.

Es war schwer zu sagen, wie Aslaksen eigentlich aussah, denn sein Gesicht war geschwollen und gelb-grün-lila verfärbt. Seine Augenlider quollen hervor, und seine Oberlippe ragte wie ein Entenschnabel aus seinem Gesicht. Eine Wunde über der einen Augenbraue war mit mehreren Stichen genäht worden, seine Hände waren zerschrammt.

Mina schlich sich ins Zimmer und setzte sich auf einen Stuhl neben das Bett. In einer Zimmerecke stand ein Schrank, und nachdem ihr Blick zwischen Aslaksen und dem Schrank hin- und hergewandert war, öffnete Mina vorsichtig die Schranktür. Im Schrank hing ein Kleidungsstück, eine dunkle blaue Lotsenjacke mit Messingknöpfen mit einem Anker. Der oberste Knopf fehlte. Mina zog ihr Portemonnaie hervor und wickelte den Knopf aus dem Papier. Volltreffer! Ich bin auf der richtigen Spur, dachte sie und setzte sich wieder auf den Stuhl.

Patientenbetreuung

Es kam Mina wie eine Ewigkeit vor, bis Aslaksen endlich die Augen aufmachte. Er konnte nur mit Mühe die verquollenen Augenlider heben und stöhnte bei jeder Bewegung laut auf. Schließlich hatte er ein Auge geöffnet, das andere war noch immer verklebt.

»Ach, was hab' ich für einen Durst.« Er versuchte, den Kopf zu drehen, und Mina ergriff schnell das Glas Saft mit Trinkhalm, das auf dem Nachttisch stand. Sie hielt das Glas, und Aslaksen trank vorsichtig einen Schluck. »Wer bist du?«

»Ich hab' dir Blumen mitgebracht.« Mina legte die Tulpen auf die Bettdecke und lächelte ihr Niedliches-Mädchen-Lächeln.

»Machst du Patientenbetreuung? Ich dachte, das machen nur alte scheißvornehme Damen.« Aslaksen ließ sich auf sein Kopfkissen zurücksinken und schloß das Auge wieder. »Ich hatte einen Bullen an meinem Bett erwartet, aber denen ist das wohl schnurz. Und dabei hab' ich wirklich keinen Murks verraten.« Aslaksen schien in Tränen auszubrechen.

»Hattest du einen Unfall?«

»Unfall, ja, so kannst du das wohl nennen. Ich bin zusammengeschlagen worden, zweimal dick in die Fresse, ein paar Mal in die Rippen, dann gab's noch einen soliden Tritt in eine gewisse Stelle, und plötzlich war ich nur noch eine Kuh mit einer blöden Glocke, und dann... auf der Nase auf dem Asphalt. Was kann man sich so früh im Jahr noch wünschen?« Aus dem unverletzten Auge quoll eine Träne. Aslaksen schniefte.

»Und wer hat dich zusammengeschlagen?« Mina mußte einfach danach fragen.

»Warum willst du das wissen?«

»Ach, nur so.«

»Okay, ich bin vom Imbiß her Leuten ein paar Kronen schuldig. Ist ja nicht meine Schuld, daß der so verdammt schlecht gelaufen ist. Aber verdammt, ich hab' keinen verpfiffen. Ich hab' nix von diesem Überfall gehört, und jetzt werden die Bullen mich wohl total ausquetschen. Und dann buchten sie mich auch noch ein, wenn ich Pech habe.«

»Du Armer, du tust mir so leid.« Mina versuchte, sich so anzuhören wie ihre Großmutter. Aslaksen war jetzt in Fahrt. Er tat sich selber leid und erzählte weiter. »Aber ich weiß, wer dahintersteckt. Dieser Sibben-Sabben ist bloß ein Laufbursche.«

Sibbel-Sabbel. Mina war klar, hier war die *Stimme* gemeint. Um geschäftig zu wirken, nahm sie die Blumen und fand beim Waschbecken eine Vase.

»Und was glaubst du, wer dahintersteckt?«

Aslaksen riß sein Auge auf. »Wer hat dich hergeschickt? Doch wohl nicht der ›Pate‹?«

»Wessen Pate denn?« Mina spielte die Unschuldige und ließ Wasser in die Vase laufen.

»Der ›Pate‹, kennst du den ›Paten‹?«

Mina schüttelte den Kopf.

»Dann sei froh. Bringt nichts, den zu kennen, wenn du mich fragst. Und ich war immer fair zu diesen Mistkerlen, hab' für sie in dem blöden Imbiß gestanden, nie mehr will ich in diesen Löchern essen. Nie mehr in meinem ganzen ver...«

»In was für Löchern?« Mina begriff plötzlich, daß sie zu weit gegangen war.

»Wer hat dich geschickt? Nun antworte schon! Du machst doch keine normale Patientenbetreuung!« Aslaksen setzte sich auf und wackelte wie ein Wellensittich mit dem Kopf, um sie mit dem gesunden Auge ansehen zu können.

»Ich glaube, ich muß jetzt gehen.« Mina ging rückwärts auf die Tür zu, während Aslaksen losbrüllte. »Wer hat dich geschickt? Wer zum Teufel hat...«

Vor der Tür stieß Mina mit der Krankenschwester zusammen, die sie verwundert anblickte, ehe sie ins Zimmer stürzte. »Ganz ruhig, Aslaksen, Aufregung tut dir gar nicht gut. Deine Nichte wollte dir doch nur ›guten Tag‹ sagen!«

Das letzte, was Mina hörte, als sie durch den Gang rannte, war Aslaksens Gebrüll: »Nichte, ich habe keine verdammte Nichte!«

Jemand zum Reden

Mina konnte nicht schnell genug aus dem Krankenhaus kommen. Erleichtert sprang sie auf ihr Rad und fuhr in Richtung Stadt. Sie hatte recht gehabt, jetzt war sie ganz sicher. Dieser Aslaksen war von der *Stimme* zusammengeschlagen worden, und die *Stimme* hatte die Bank ausgeraubt. Aber wer war der Pate? Offenbar eine wichtige Person. Ich bin auf der richtigen Spur, dachte Mina, als sie nach Hause fuhr. Ihre Mutter war noch nicht zu Hause, und deshalb schrieb sie auf die Rückseite des Zettels eine neue Nachricht: »Ich fahre noch eine Runde. Bin bald wieder da. Mina.«

Sie wußte, daß solche Zettel notwendig waren, sonst war Mutter imstande, alle Bekannten anzurufen, um sich zu erkundigen, wo ihre Tochter bloß wieder steckte.

Mina mußte mit jemandem reden, und am leichtesten war die *Eiche* zu erreichen. Sie mußte mehrmals schellen, ehe sie hinter der geschlossenen Tür seine schleppenden Schritte hörte. Das Gesicht der *Eiche* war grau, und Mina wußte sofort, daß er keinen guten Tag hatte.

»Ich möchte gern kurz mit dir reden, in unserem Fall gibt es etwas Neues!«

Die *Eiche* lächelte und ließ sie ein. »Heute gibt es keinen Tee, und es kann auch nur ein ganz kurzer Besuch sein. Ich muß mich bald wieder hinlegen.«

Sie setzten sich in die Sessel am Rauchtisch, und die *Eiche* nickte wie zum Zeichen, daß Mina erzählen sollte. Ab und zu unterbrach er sie mit einfachen Fragen, und als Mina fertig war, schien er stolz auf sie zu sein. »Gar keine schlechte Arbeit. Aus dem Knopf hast du wirklich viel herausgeholt. Ich glaube, du bist auf der richtigen Spur. Dieser Imbißmann ist sicher von dem Bankräuber verprügelt worden, weil dieser glaubte, er hätte etwas über den Banküberfall verraten. Die Frage ist: Hat er das getan? Und wenn ja, dann muß es bei der Polizei gewesen sein. Warte mal, ich glaube, in der Zeitung stand eine kurze Meldung über den Überfall.«

Die *Eiche* fand die Tageszeitung und blätterte mit großer Mühe darin herum. »Ja, hier: Mann überfallen. Ein Mann von Mitte Vierzig wurde gestern abend in schwerverletztem Zustand aufgefunden. Die Polizei befürchtet einen weiteren Fall von brutaler Gewalt. In den letzten Monaten hat Bergen eine Welle von Angriffen auf Unschuldige erlebt. Usw., usw. Nein, das hat sicher andere Gründe, und bestimmt hat die Polizei ihren Verdacht. Den bindet sie aber der Zeitung nicht auf die Nase.« Die *Eiche* hatte jetzt hektische rote Flecken auf der Wange. In seinem Eifer sah er aus, als habe er Fieber.

»Wer ist der ›Pate‹?«

Die *Eiche* schmunzelte. »Frag lieber, was *ein* ›Pate‹ ist. Das ist der Chef einer Mafiabande. Vielleicht gibt es hier in Bergen eine mit einem ›Paten‹. Interessant, ein Bergenser ›Pate‹.«

»Was sollen wir tun, *Eiche*, die Polizei anrufen oder was?«

Die *Eiche* sah plötzlich sehr krank aus.

»Laß mich einen Tag darüber nachdenken, wir dürfen nichts überstürzen.« Er seufzte und starrte vor sich hin. »Und jetzt muß ich dich leider bitten, mich allein zu lassen, ja, du weißt schon... und sei bitte vorsichtig. Das ist eigentlich keine Angelegenheit für kleine Mädchen.«

»Und warum nicht?« Mina verdrehte die Augen, und die *Eiche* lachte kurz. Sie durfte ihn jetzt nicht mehr beanspruchen, er schien in seinem Sessel zu schrumpfen.

»Ich finde schon selber hinaus, bleib doch sitzen! Gute Besserung.« Mina zog behutsam die Tür hinter sich ins Schloß.

Das Pizza-Essen

Der nächste Tag war ein Freitag, und obwohl Mina lieber die *Eiche* besucht hätte, mußte sie doch von der Schule sofort nach Hause gehen. Ihre Mutter hatte ihr am Vorabend einen längeren Vortrag über ihre Pflichten gehalten. Diese Vorlesung hielt sie so ungefähr einmal im Monat, und es war immer dasselbe Thema: Minas Chaos. Mutter redete sich richtig in Rage, und dann verlangte sie, daß Mina endlich etwas unternahm. »Ich verlange, daß du einmal pro Woche deine Kleider aufräumst, sie in die Waschmaschine steckst, Mäntel und Jacken in die Garderobe hängst, die Schuhe ins Regal stellst. Warum muß ich immer über deine Schuhe stolpern? Und du kannst auch mal den Tisch abräumen und Geschirr spülen...«

Mina wußte, daß hier nur Aktivität weiterhalf.

»Wenn ich morgen nach Hause komme, sieht es hier wieder ordentlich aus.«

Deshalb mußte Mina am Freitag nach der Schule gleich ans Werk. Im Grunde stimmte sie ihrer Mutter sogar zu, ihre Sachen neigten wirklich dazu, an den seltsamsten Stellen herumzuliegen. Beim Aufräumen fand sie im Staub unter dem Bett zwei Bücher aus der Bibliothek wieder. Die hätte sie schon vor Ostern zurückgeben müssen. Aufräumen war ab und zu einfach mal angesagt.

Ihre Mutter kam ohne große Erwartungen von der Arbeit. Um so größer war ihre Freude, als sie die neue Ordnung entdeckte. »Du bist doch nicht so schrecklich, Mina, du Troll! Kannst du dich nicht ein bißchen schön machen, ehe wir losgehen?«

»Warum denn? Wir wollen doch bloß Pizza essen!«

»Sicher, aber du lernst Thor kennen, und der erste Eindruck ist doch so wichtig.«

Ich hoffe, dieser Thor macht auch auf mich einen guten ersten Eindruck, dachte Mina, während sie sich die Haare flocht und die neuen Ohrringe ihrer Großmutter anzog.

Mina und Siren wanderten in wunderschöner Mitternachtssonne am Hafen entlang ins Zentrum. Es war gerade so warm, daß die Straßencafés Tische und Stühle nach draußen gestellt hatten, und einige wenige Gäste saßen mit Sonnenbrillen da und fröstelten über ihrem ersten Frühlingsbier. Obwohl die Sonne schien, wehte ein kalter Wind. Dieser Versuch, Sommer zu spielen, würde ihnen wohl nur Blasenentzündung und Erkältung bescheren. Mina merkte, daß ihre Mutter immer schneller ging, je näher sie der Pizzeria kamen. Die lag in einer der belebtesten Straßen der Stadt und hieß »Pizza Palast«. Innen war das Restaurant in Braun und Gelb gehalten, draußen standen Säulen, die wie aus Marmor aussahen, aber als Mina einmal dagegenklopfte, stellte sich heraus, daß sie aus Holz waren. An einem Fenstertisch saßen ein Mann und ein Junge. Beide waren blond, und sie waren leicht als Vater und Sohn zu erkennen. Mina sah einen Moment lang die Karten ihrer Großmutter vor sich. Waren das hier König und Bube? Sie konnte nicht weiter darüber nachdenken, denn der Mann stand auf. Er war groß und ein wenig schlaksig, und ganz offenbar wußte er nicht, was er sagen sollte.

»Hallo, Thor. Schön, dich zu sehen. Das hier ist meine Tochter, Mina.« Unbeholfen gaben sie sich die Hand.

»Ja, wie du siehst, habe ich Odin mitgebracht. Er sollte eigentlich am nächsten Wochenende zu mir kommen, aber seine Mutter mußte verreisen, deshalb ist er jetzt schon hier.«

Der Junge stand nicht auf. Er war rot angelaufen und blickte nur kurz zu seinem Vater, Siren und Mina hoch.

»Hallo«, murmelte er vor sich hin, mehr nicht.

Sie setzten sich, und natürlich quetschte Mutter sich neben Thor, was Mina den stummen Odin zum Tischherrn bescherte. Er starrte die Tischplatte an und studierte offenbar die Kerben im Holz. Siren redete fast allein, und als der Kellner kam, wußte niemand so recht, was er bestellen sollte.

»Ich will kein Knoblauch auf meiner Pizza.« Odin schaffte einen ganzen Satz und Mina musterte ihn überrascht. Was war das denn für ein Bauerntrottel? Wußte er nicht einmal den Genuß von Knoblauch zu schätzen? Mina wurde zusehends genervter, als sie die anderen ansah. Was hatte ihre Mutter da bloß für einen Typen aufgerissen? Siren redete und unterhielt die Gesellschaft, und Thor warf ab und zu einen kurzen Kommentar ein. Odin sagte kein Wort.

»Wo wohnst du?« Mina mußte einfach herausfinden, wen sie da zum Tischnachbarn hatte.

»Auf Lindås«, antwortete der mürrisch. Diesem Jungen mußte sie die Antworten offenbar aus der Nase ziehen.

»Warum denn dort?«

»Weil meine Mutter da wohnt.«

Das brachte doch nichts. Mina hatte keinen Bock auf weitere Fragen und schwieg. Mutter schaltete sich ein. »Thor ist geschieden, und Odin wohnt bei seiner Mutter, aber er kommt an jedem zweiten Wochenende zu Thor, und in den Ferien, und ... ja, das ist ja genau wie bei uns, nur daß Mina und ich zusammenwohnen.« Je mehr Mutter redete, um so genervter war Mina. Als die Pizza endlich auf dem Tisch stand, waren alle erleichtert, und schließlich mochte nur noch Siren etwas sagen. Die Tischrunde wurde immer schweigsamer, und alle vier schienen fasziniert von den Autos zu sein, die draußen vorüberfuhren.

Plötzlich fiel Mina ein großer dunkler Mann auf, der draußen über die Straße kam. Er öffnete die Restauranttür und ging durch das Lokal.

»Sind heute abend anne da?« Der Mann wandte sich an einen der Kellner. Mina konnte die Antwort nicht hören, aber etwas war mit diesem Mann, mit seiner Stimme. Nachdenklich kaute Mina auf ihrem Pizzastück herum. Und dann fiel es ihr wieder ein. Das war die *Stimme*! Sie ließ ihr Pizzastück fallen und sprang auf.

»Ich muß mal aufs Klo!« Langsam ging sie durch das Lokal, die *Stimme* war nirgendwo zu sehen. Er war entweder in die Küche oder aufs Klo gegangen. Nach kurzem Überlegen öffnete sie die Tür mit dem Männlein, aber der Raum dahinter war leer. Also war die *Stimme* wohl in die Küche gegangen. Mina ging auf die Damentoilette, ließ die Tür aber weit offen, um die Schwingtür der Küche im Auge behalten zu können. Und richtig, nach wenigen Minuten wurde diese aufgestoßen, und die *Stimme* kam auf die

Toiletten zu. Mina schloß ganz schnell die Tür, wußte aber im gleichen Augenblick, daß das ein Fehler war. Der würde doch niemals aufs Damenklo gehen! Als sie die Tür wieder aufmachte, hörte sie das Klirren der Kasse und eine Männerstimme, die fragte: »Und ist der Umsatz heute erfreunich?«

Es war wirklich diese Stimme, Mina erkannte sie sofort. Sie blieb stehen und lauschte.

»Wir bringen heute nacht die Waren.« Die Kasse schloß mit einem »pling«, und Mina sah nur noch den Rücken eines großen dunklen Mannes, der das Lokal verließ. Es war wirklich die *Stimme*. Aber warum kam er hierher und öffnete die Kasse? Mina hatte jetzt wirklich genug, worüber sie sich den Kopf zerbrechen konnte.

Als Mina wieder zu den anderen ging, hatte der Kellner die Rechnung gebracht, und Mutter gab sich alle Mühe, sie durch zwei zu teilen. Odin sah ihr eine Weile schweigend zu, dann zog er einen Taschenrechner aus der Jacke. Und damit war der Fall für Mina erledigt. »Vergiß nicht, den Knoblauch von deiner Pizza abzuziehen!« sagte sie mit süßem Lächeln.

Die Reaktion erfolgte sofort, in Form eines Trittes, der unter dem Tisch ihr Schienbein traf.

»Jetzt tritt mich doch nicht, Mama, und ansonsten danke fürs Essen!«

Vor dem Restaurant blieben die vier allesamt stehen und blickten sich abwartend an.

»Was machen wir jetzt?« Siren versuchte noch immer,

nicht den Mut zu verlieren, obwohl sie sich über die Lage im klaren war.

»Äh, öh, ich glaube, Odin und ich gehen nach Hause. Im Fernsehen kommt ein Fußballspiel, und auch, wenn es nicht unsere Lieblingsmannschaft ist...«

Siren nickte, sie sah traurig aus und versuchte, tapfer zu sein.

Himmel, was für Obertrottel, dachte Mina. Bringen wir diese peinliche Kiste hinter uns, und machen wir, daß wir wegkommen.

»Macht's gut!« sagte sie und ging in Richtung Hafen los.

Mutter wechselte noch ein paar Worte mit Thor und kam dann hinter Mina her. Wortlos gingen sie nebeneinander her nach Hause. Mina hatte inzwischen Gewissensbisse, und sie hatte wenig Lust, zusammen mit ihrer Mutter ins Haus zu gehen.

»Ich schau' noch mal kurz bei einer Freundin vorbei. Bin in einer Stunde zurück.«

Mutter nickte nur und schien jeden Moment losheulen zu wollen. Mina überlegte sich das mit der Freundin anders und ging lieber zum Haus der *Eiche*. Drei, vier Mal klingelte sie, aber keine schleppenden Schritte ließen sich hören. Das Haus war dunkel, und es war noch früh am Abend, also war die *Eiche* wohl weggegangen. Mit wem sollte sie jetzt reden? Sie ging durch die Øvregate vorbei am stillgelegten Imbiß in Richtung Stadt und rief dann von einer Telefonzelle aus Cecilie an. »Ich komme sofort, sonst verliere ich hier den Verstand. Ich spring' aufs Fahrrad und bin in zehn Minuten im ›Burger‹.«

Der »Burger« war ein ganz guter Treffpunkt, im Erdgeschoß standen Flipperautomaten, der erste Stock bot eine schöne Aussicht und für Jugendliche die Möglichkeit, stundenlang bei einer Cola dazusitzen. Mina wußte, daß Cecilie mindestens zwanzig Minuten brauchte, wenn sie zehn sagte. Deshalb ließ sich Mina unterwegs Zeit, holte sich eine Cola und setzte sich dann in eine Ecke ganz hinten im Lokal. Ganze zwanzig Minuten später kam Cecilie angekeucht. »Tut mir leid, ich mußte noch den Müll wegbringen.«

Mina vergeudete keine Zeit. »Setz dich! Ich hab' die *Stimme* gesehen.«

»Wo denn?« Cecilie machte Kulleraugen.

Mina erzählte von dem reizenden Pizza-Essen. Von Odin und dem Knoblauch sagte sie nichts, sondern blieb streng bei der Sache. Die *Stimme* war im »Pizza Palast«. Er war in die Küche gegangen, hatte die Kasse geöffnet und sich nach dem Umsatz erkundigt. Die *Stimme* war ein großer dunkler Mann in schwarzer Lederjacke. Das wußten sie jetzt immerhin. Und nun die große Überraschung: »Die bringen heute nacht irgendwas in den ›Pizza Palast‹. Die *Stimme* hat von Waren gesprochen, und ich will wissen, worum es da geht.«

»Heute nacht, wie willst du das denn schaffen?« fragte Cecilie.

»Ich kann doch zum Beispiel bei dir übernachten.« Mina war jetzt in Organisier- und Drehstimmung. »Dein Zimmer liegt unten, und wir warten, bis deine Eltern im Bett sind, und dann klettern wir aus dem Fenster, springen auf die Räder, und ...«

Der Plan war klar, sie mußte jetzt nur noch Cecilie überreden. Es war schließlich ein bißchen unheimlich, und allein würde sie das nicht schaffen.

Auf dem Heimweg fuhren sie am »Pizza Palast« vorbei, um nachzusehen, wann dort Feierabend war.

Das Messer

Siren saß in der Sofaecke und sah sich einen Fernsehkrimi an, als die beiden Mädchen auftauchten. Ihre Laune hing noch immer im Keller, und sie erlaubte Mina ohne weiteres, die Nacht bei Cecilie zu verbringen. Siren schien froh darüber zu sein, Mina für eine Weile nicht um sich zu haben. Mina stopfte ein paar Kleidungsstücke in eine Tasche, dann war sie bereit für das Fahrrad und das bequeme Extrabett in Cecilies Zimmer.

An diesem Abend mußten sie lange wachbleiben, und deshalb spielten sie zuerst Mensch-ärgere-dich-nicht und danach Halma. Mit der Zeit wurden sie müde, aber erst nach Mitternacht hörten sie, wie Cecilies Eltern zu Bett gingen. Leise zogen sie sich an, warteten bis halb eins, knipsten das Licht aus und öffneten vorsichtig das Fenster. Sie konnten hinausklettern, ohne sich besonders anstrengen zu müssen, zertrampelten aber einige Tulpen im Bett unter dem Fenster. Sie zogen das Fenster zu und klemmten ein Stück Pappe zwischen Fensterscheibe und Rahmen. Dann schoben sie die Fahrräder über den Rasen und nicht über den

Kiesweg, und sie erreichten das Tor, ohne daß im weißen Haus die Lichter eingeschaltet wurden.

Erleichtert fuhren sie los in Richtung »Pizza Palast«. In einer Gasse in der Nähe der Pizzeria schlossen sie ihre Räder ab und ketteten sie aneinander. Dann gingen sie auf die grelle Leuchtreklame zu, die über der Eingangstür des Lokals angebracht war. Das Restaurant war dunkel, abgeschlossen und verlassen. Sie schauten durchs Fenster hinein, konnten aber niemanden sehen.

»Die sind alle nach Hause gegangen. Hier läuft heute nichts mehr.« Cecilie hörte sich dabei sehr hoffnungsvoll an.

Mina dachte nach. »Es muß einen Hinterhof geben, mit einem Eingang zur Küche. Wir stehen in der falschen Straße.« Sie zog Cecilie um die nächste Ecke, in eine andere Straße, und richtig, dort fanden sie eine Bretterwand mit einem Tor. Das Tor stand offen, und ein Wagen, ein amerikanischer Lieferwagen mit Türen hinten und an der Seite, war rückwärts auf den Hof gefahren. Die Mädchen schlichen sich vorsichtig durch das Tor. Der Hof war leer, nur einige große Mülltonnen auf Rädern waren zu sehen. Sie schlüpften hinter die Mülltonnen und gingen in die Hocke. Aus dem Raum, den sie für die Küche hielten, hörten sie leise Stimmen.

»Sollen wir mal zur Tür reinschauen?« flüsterte Mina. Cecilie schüttelte den Kopf. »Spinnst du? Wenn ich jetzt aufstehe, dann piß ich mir in die Hose. Das hier ist mir zu unheimlich.«

In diesem Moment erlosch in der Restaurantküche das Licht, und Mina und Cecilie fuhren zusammen, als die Tür geöffnet wurde. Zwei Männer kamen aus dem Haus. Sie schlossen hinten am Lieferwagen die Türen, lachten über irgend etwas, stiegen ein und fuhren los. Mina lugte aus ihrem Versteck hervor, als der Lieferwagen vom Hof losfuhr, aber es war unmöglich, etwas deutlich zu erkennen. Sie konnte sich nur merken, daß beide Männer dunkle Jacken trugen, alles ging so schnell, und sie wagte auch nicht, den Kopf allzu weit herauszustrecken. »Verdammt, wir haben vergessen, das Kennzeichen zu notieren«, flüsterte sie Cecilie zu.

Mina und Cecilie hockten noch eine Weile hinter den Mülltonnen. »Ich geh' mal zur Tür.« Mina versuchte, mutig zu sein.

»Ich halte hier Wache«, antwortete Cecilie.

Vorsichtig erhob sich Mina, ihre Beine taten weh, und sie schlich lautlos zur Tür. Sie faßte nach der Klinke, und als sie die nach unten drückte, bewegte sich die Tür.

Ehe sie sich's versah, stand sie in der Küche. Im trüben Licht konnte sie den schwarzweißen Fußboden erkennen, und als ihre Augen sich an die Dunkelheit gewöhnt hatten, sah sie auch die vielen Kisten, die an der Wand aufgestapelt waren. Mina horchte angespannt, hörte aber nur die Tiefkühltruhen an der anderen Wand brummen.

Hinter den Kisten stand eine Tür offen, und Mina hatte das Gefühl, daß jemand hinter dieser Tür stand. Sie horchte weiter und ging auf Zehenspitzen zu den Kisten hinüber. Auf den Kisten waren Namen zu sehen. Sie ging in die Knie und konnte gerade noch »Smirnoff« lesen, als sie ein Geräusch hörte und herumfuhr.

Eine Sekunde lang sah sie ein Küchenmesser aufblinken.

Irgendwer schrie. Hinter dem Messer sah sie einen Kopf mit großen, starrenden, dunklen Augen und einem weit geöffneten Mund. Es war ein Junge, und er schrie noch einmal auf, als er gegen einen Kasten stieß. Beim Fallen verlor er das Messer, es rutschte über den Boden. Mina sprang rückwärts, drehte sich auf dem Absatz um und stürzte hinaus. Cecilie hatte den Schrei gehört und stand schon am Tor. Die beiden Mädchen packten sich an den Händen und rannten los. Rannten, so schnell sie konnten, durch Straßen und Gassen, bis sie das Gebüsch an der Kreuzkirche erreicht hatten. Dort blieben sie stehen und horchten. Niemand verfolgte sie. Mina mußte sich plötzlich erbrechen. Mitten in das Blumenbeet hinter der Kirche. Sie blieb stehen und hörte das Pochen ihres Herzens, das so laut war, daß es in ihren Ohren widerhallte.

»Was ist passiert?« Cecilies Stimme bebte.

»Ich weiß nicht, aber jemand war mit einem Messer hinter mir her. Und das war kein Brotmesser, das war so ein Küchenmesser, oder ein Schlachtermesser, fast wie eine Axt...«

»O Hilfe, das ist ja schlimmer als ein Fernsehkrimi!« Endlich hatte Cecilie begriffen.

Nächtlicher Besuch

Mina und Cecilie holten ihre Räder. Es war sehr spät und dunkel, und das einzig richtige wäre gewesen, jetzt nach Hause zu fahren. »Wir gehen zur *Eiche*«, sagte Mina.

»Zu diesem komischen Opa bei dir in der Nähe?« Cecilie hatte ihn nur einmal kurz gesehen, ihn aber nie besucht. »Wir können doch nicht mitten in der Nacht bei Leuten reinplatzen.« Cecilie wollte nicht mitkommen.

»Die *Eiche* ist keine Leute. Die *Eiche* weiß alles über diesen Fall. Ich habe ihm von der *Stimme* erzählt, und die *Eiche* ist einer der wenigen, bei denen im Kopf noch was abläuft.« Mina war sich nicht sicher, ob sie Cecilie überhaupt gern mitnahm. Die *Eiche* gehörte auf irgendeine Weise nur ihr. Aber jetzt brauchte sie ihn nun einmal. Sie mußten mehrmals schellen, ehe das Licht angeknipst wurde und sie seine schleppenden Schritte hörten. Er öffnete die Tür einen Spaltbreit, schob seine spitze Nase hindurch und klimperte mit den Augen. Mina hatte ja erwartet, daß er nachts eine altmodische Schlafmütze trug, als sie jedoch sah, wie seine wenigen Haare nach allen Seiten abstanden, mußte sie beinahe lachen.

»Was ist passiert?« Die *Eiche* öffnete die Tür, ohne auf Antwort zu warten. Sie trotteten hinter ihm her in das halbdunkle Wohnzimmer. »Wißt ihr überhaupt, wie spät es ist?« Er warf einen Blick auf die alte Wanduhr. »Fast halb zwei...« Er sah die beiden Mädchen an, und die nickten. »Also los«, sagte er.

»Ich bin mit dem Messer angegriffen worden.« Mina spürte, daß sie gleich losheulen würde.

»Ganz ruhig, tief durchatmen und vorne anfangen. Wo seid ihr gewesen?«

Mina erzählte so ruhig und sachlich wie möglich, und als sie fertig war, bedachte die *Eiche* die Mädchen mit einem seltsamen Blick. »Ihr habt die Hand in ein Wespennest gesteckt, wie es scheint. Ein Junge hat dich mit dem Messer bedroht?«

»Er hat irgendwas geschrien. Er sah aus wie ein Ausländer. Nicht wie ein Afrikaner, eher wie ein Inder.«

»Kisten voll Smirnoff. Smirnoff ist Schnaps, Wodka. Schnapskisten könnten auf schmutzige Geschäfte hinweisen. Auf Schmuggelwaren. Das Problem ist, Mina, daß dieser Junge dich gesehen und bedroht hat. Wir sollten uns vielleicht an die Polizei wenden.«

Die Mädchen wechselten einen Blick.

»Das geht nicht, meine Mutter glaubt doch, ich übernachte bei Cecilie.«

»Meine Eltern bringen mich um, wenn sie etwas von diesem Ausflug erfahren. Ich will jetzt sofort nach Hause.« Bei diesem letzten Satz zog Cecilie den Mund zusammen wie eine alte, pikierte Tante.

Ratlos musterte die *Eiche* die beiden Mädchen. »Warum seid ihr nicht zu mir gekommen, ehe ihr euch in dieses Abenteuer gestürzt habt?«

»Du warst heute nachmittag ja nicht zu Hause«, sagte Mina mit vorwurfsvoller Stimme.

»Richtig, ich war beim Arzt.«

»Wir können die Polizei anonym anrufen, aber dann

mußt du uns helfen.« Die *Eiche* machte nach diesem Vorschlag ein verdutztes Gesicht. »Ein anonymer Anruf, ja, das ginge.«

»Schreib mir auf, was ich sagen soll, damit ich mich nicht blamiere.« Mina dachte an ihren ersten Versuch. Diesmal ging alles besser. Die *Eiche* schrieb Stichwörter auf, und Mina wählte die Nummer.

»Polizei Bergen.«

»Die Kriminalpolizei, bitte.« Pause.

»Ja, hier Kriminalpolizei?« sagte eine tiefe Stimme.

»Das ist ein Tip. In der Küche vom ›Pizza Palast‹ steht kistenweise geschmuggelter Wodka.« Mina schwieg. »Wer ich bin, spielt keine Rolle. Im Restaurant ist ein ausländischer Junge.« Mina legte ruhig den Hörer auf. »Ich glaube, er hat alles notiert.«

Die *Eiche* schmunzelte. »Jetzt macht aber, daß ihr nach Hause kommt. Schaut morgen mal rein, und wenn ich nicht da bin, dann ruft an und hinterlaßt eine Nachricht auf meinem Anrufbeantworter. Ich will wissen, was ihr vorhabt«, schloß er streng.

Die Rückfahrt verlief glatt. Mina und Cecilie kletterten durch das halboffene Fenster in das nachtstille Haus. Sie fröstelten, und obwohl sie müde waren, konnten sie vor lauter Spannung nicht einschlafen.

Bei der Polizei saß ein Beamter und kratzte sich den Kopf. Ein anonymer Anruf meldete geschmuggelten Schnaps im »Pizza Palast«. Irgend etwas brachte ihn dazu, sich aus einem anderen Büro einen Ordner zu holen. »Restaurants«

stand darauf. Er schlug unter »Pizza Palast« nach. Und so war es, dieses Lokal durfte gar keinen Schnaps ausschenken, nur Bier und Wein.

Müde Morgenstunde

Mina wurde vom Zwitschern der Vögel draußen vor dem Fenster geweckt. Sie hatte etwas Unheimliches geträumt, von einem Löwen, aus dem ein Mann wurde, aus dem wieder ein Löwe wurde. Im Halbschlaf wußte sie, daß sie etwas wußte, aber sie kam nicht darauf, was das sein konnte. Sie wollte den Traum festhalten, aber die Bilder entglitten ihr und verblaßten wie alte Fotos. Sie sah nur noch die Umrisse des Löwen und hörte aus der Ferne jemanden rufen: »Frühstück!« Das war Cecilies Mutter, Ester. Cecilie drehte sich auf die andere Seite, grunzte und schlief weiter. Mina hielt Erscheinen für angesagter und ging ins Badezimmer. Aber als sie sich an den Frühstückstisch setzte, fühlte sie sich alles andere als morgenmunter.

»Hast du nicht gut geschlafen?« Ester musterte Mina besorgt.

»O doch, ausgezeichnet.« Mina nahm sich Cornflakes.

»Cecilie ist ein richtiges Schlaftier. Aber heute kann sie ja auch lange schlafen, schließlich ist Samstag. Habt ihr irgendwelche Pläne?«

Mina schüttelte den Kopf. Das einzige, was sie wollte, waren noch ein oder zwei Stunden unter der Bettdecke. Nun erschien Cecilies Vater im Trainingsanzug mit den beiden Kleinen im Schlepptau. Er nahm sich eine Scheibe Brot und joggte noch ein bißchen auf der Stelle.

»Stör uns hier nicht beim Frühstück!« sagte Ester sauer. »Du kannst erst mal mit den Jungs in den Sandkasten gehen, ehe du loswetzt.«

In der Küche war es still, als sie gegangen waren, und Ester goß sich eine Tasse Kaffee ein und nahm sich eine Zigarette.

»Schön, sie mal eine Weile los zu sein. Mannsbilder und Kinder sind eine Plage.« Ester stieß zischend den Rauch durch ihre Vorderzähne. »Wie geht es denn deiner Mutter?«

»Danke, der geht's gut.«

»Hat sie einen neuen Freund?« Ester konnte ihre Neugier kaum verbergen.

Mina wußte nicht, was sie antworten sollte. »Na ja, keinen festen. Sie hat einen kennengelernt, aber ich glaube nicht, daß das was wird.«

»Und wer ist er? Kenne ich ihn vielleicht?«

Mina schüttelte den Kopf. »Nein, er heißt Thor und ist Schreiner.«

»Handwerker kann man immer brauchen. Cecilies Vater kann nicht einmal einen Nagel einhauen. Ich muß in Haus und Garten alles allein in Ordnung halten. Und die ganze Woche ist Erik kaum zu Hause gewesen. Zuerst dieser Banküberfall. Und dann wollte die Polizei die Angestellten verhören. Und dann wollten sie die ganze Bankroutine durchgehen. Jemand hat behauptet, daß der Bankräuber einen Sprachfehler hat. Aber haben sie ihn deshalb erwischt? Nichts da! Keiner wurde verhaftet, das Geld ist weg, und

Erik ist sauer. Man könnte fast meinen, das sei sein Geld, nicht das der Bank. Grüß deine Mutter von mir, ich spreche aus Erfahrung, Schreiner sind etwas Gutes, das ist ein schlichtes, nützliches Handwerk.«

In diesem Moment kam Cecilie im Schlafanzug angetrottet. Sie gähnte mit knackenden Kiefern und setzte sich neben Mina.

»Was sagst du da, Mutter? Redest du über Vater?«

»Himmel. Ich sollte deinen Vater nicht kritisieren, er ist nun mal ein ehrgeiziger Mann.«

Die Mädchen zwinkerten sich zu. Das Tageslicht nahm die Spannung der Nacht fort, und das Wochenende lag vor ihnen, und neue Detektivarbeit stand ihnen bevor.

Streit beim Spaziergang

Das mißlungene Pizza-Essen machte Siren noch immer zu schaffen, und als Mina nach Hause kam, putzte ihre mürrische Mutter demonstrativ den Fußboden und klopfte Teppiche aus.

»Du kommst gerade rechtzeitig, um mir mit dem Wochenendputz zu helfen. Danach nehmen wir die Bahn und machen auf dem Fløien eine Runde. Du brauchst frische Luft«, sagte sie mit Kommandostimme.

»Aber Mama, Cecilie und ich...«

»Komm mir hier nicht mit ›aber‹. Jetzt wirst du ausnahmsweise mal gehorchen. Es reicht mir wirklich, daß du immer nur machst, was dir paßt.«

»Jawoll, comandante!« Mina schlug die Hacken gegeneinander, aber ihre Mutter konnte heute keinen Spaß vertragen. Sie bedachte Mina mit einem verletzten Blick. »Übrigens hat dein Vater angerufen, er meldet sich später noch mal.« Auch das noch! Die Mutter war nicht sehr gut auf Minas Vater zu sprechen, weil er immer nur auftauchte, wenn es ihm paßte, und weil er keine festen Abmachungen treffen wollte.

Mina mußte Cecilie anrufen und ihr sagen, daß sie den Samstag zu Hause verbringen mußte. »Meine Mutter ist saurer als saurer Hering. Ich muß einfach brav sein, sonst knallt's.«

Und als sie dann oben auf dem Berg angekommen waren, knallte es auch. Als sie die mitgebrachten Brote auspackte, sagte Mutter etwas über Thor, und ehe sie sich's versahen, waren sie in einen heftigen Streit geraten. »Du hast uns gestern das Essen ganz bewußt verdorben.«

»Warum mußte ich denn auch unbedingt mitkommen? Ich hatte doch keine Lust, deinen Fredi zu treffen!«

»Meinen Fredi!« Siren war rot angelaufen. Diesen Zorn hatte sie nämlich seit dem letzten Nachmittag in sich aufgestaut.

»Ja, deinen Fredi, Schreiner Thor mit Odin, dem Bauerntrottel.« Die Worte platzten einfach so aus Mina heraus, ehe sie nachgedacht hatte.

»Du freches Biest! Könntest du vielleicht zur Abwechslung mal einen Gedanken daran verschwenden, wie mir zumute ist? Glaub nicht, daß es immer leicht ist, nur mit dir allein zu sein. Du bist manchmal so gemein, so unvorstellbar gemein... der arme Odin...«

»Der arme Odin? Arme Mina, die einen hergelaufenen Bauerntrottel kennenlernen muß, bloß weil du auf seinen Vater scharf bist.«

»Ich und scharf auf seinen Vater... Ich habe mich zweimal mit ihm getroffen, und die Bekanntschaft hast du mir nun ja gründlich versaut. Er hat natürlich nicht angerufen, und jetzt, wo er dich kennt, wird er das erst recht nicht tun.« Die Mutter fauchte vor Wut, aber allmählich kippte die Wut langsam in Verzweiflung um. Mina spürte, wie ihre Schuldgefühle zurückkehrten. Sie hatte versucht, die ganze Episode zu vergessen, aber das war nicht so leicht.

»Tut mir leid«, sagte sie.

»Und mehr hast du nicht zu sagen?« Siren verdrehte die Augen und packte ihre Tasche. Auf dem Heimweg wechselten sie kaum ein Wort, und der Samstagabend wurde vor dem Fernseher verbracht. Auf dem Schreibtisch stand das Telefon, und immer wieder schaute Mutter hinüber. Aber es klingelte nicht.

Der Busbahnhof

Erst am Sonntag nachmittag schellte das Telefon, und diesmal nahm Mina ab.

»Hola, Melina, kannst du hören, wer hier ist?«

Ihr Herz machte immer einen Sprung, wenn sie die Stimme ihres Vaters hörte. »Hallo, Papa, wo bist du?«

»Überraschung! Dein Papa ist in Bergen! Spielt in einem Restaurant unten im Hafen. Du mußt mich besuchen, dann können wir zusammen essen. Schaffst du das heute? Ich muß erst noch aufbauen, aber dann können wir vor unserem Auftritt essen. Komm ins... mal sehen – hier hab' ich's...«, Mina hörte Papier rascheln, »...›Smaragd‹. Weißt du, wo das ist?«

Mina kannte das ein wenig schrille Restaurant am Hafen. Ihre Mutter ging nie dorthin. »Blöder Laden«, sagte sie nur, wenn die beiden am Eingang vorüberkamen.

Mina versprach, gegen sechs zu kommen.

Siren hatte sich inzwischen ein wenig beruhigt, es hatte ihr geholfen, Mina ein wenig zusammenzustauchen. Mutter und Tochter konnten einander nie lange böse sein, das wußten beide. Und deshalb hatte Siren auch nichts dagegen, daß Mina sich mit Cecilie verabredete.

Der Busbahnhof von Bergen war für Cecilie und Mina kein normaler Busbahnhof. Es war eher ein Tierpark, wo die Alten auf den Bus nach Hause und die Jungen auf die Zukunft warteten, während sie sich in ihren ausgeflippten Klamotten und Schmuckstücken zu Tode mopsten. In diesem Jahr war Schwarz die Modefarbe, und Ringe in den Ohren und, wenn man freakig genug war, in Nase und Augenbrauen waren angesagt.

»Stell dir vor, ich würde als Punk nach Hause kommen.« Cecilie kicherte. »Meine Mutter würde ausrasten.«

»Ich glaube fast, meine Mutter erwartet, daß ich irgendwann ein bißchen ausflippe«, meinte Mina. »Sie war selber früher mal ein bißchen daneben. Ich habe ein Bild von ihr gesehen, mit Hotpants und Plateausohlen. Das war vor der Zeit der Gesundheitsschuhe.« Ihre Besichtigungsrunde beendeten sie mit einem Großeinkauf in einem Kiosk. Einen Lolly für jede. Lutschend verließen sie den Busbahnhof.

Draußen sahen sie eine aufgeschossene Gestalt, die Mina bekannt vorkam. »Momentchen, Cecilie. Ich muß nur kurz mit jemandem reden.« Es war Odin, er trug einen Rucksack. Mina ließ ihre Freundin stehen, rannte zu ihm hin und zupfte ihn am Ärmel. Odin fuhr herum und blickte sie überrascht an.

»Hallo, nett, dich zu sehen.«

Keine Antwort. Mina beschloß, gleich zur Sache zu kommen.

»Will dein Vater noch mal anrufen, oder was?«

»Woher soll ich das wissen?«

»Ich habe das Gefühl, daß meine Mutter sich über einen Anruf freuen würde.«

»Die kann ja wohl selber anrufen.«

Mina lächelte und dachte: Du blöder Bauerntrottel, hast du denn überhaupt keinen Durchblick?

»Ich habe das Gefühl, daß das nach dieser Pizzageschichte nicht so leicht ist.«

Odin ließ ein Grunzen hören, das Mina als ein Zeichen von Zustimmung deutete.

»Ich glaube, mein Vater mag deine Mutter, aber von dir ist er nicht so begeistert.«

»Von mir?« Mina stellte sich so unschuldig wie möglich. »Ich mache einen großen Bogen um deinen Vater. Wenn er es nur über sich bringt, zum Telefon zu greifen und meine Mutter anzurufen, ehe sie total versauert.«

»Ich muß los, ich muß den Bus nach Lindås erwischen«, sagte Odin schnell.

Cecilie war so neugierig, daß sie ganz dicht an Mina und Odin herangetreten war.

»Mach's gut!« Mina packte Cecilie am Arm und zog sie weg.

»Wer war das denn?«

»Der Sohn von diesem Schreiner Thor, in den meine Mutter sich verknallt hat.«

»Meine Güte, der ist ja toll.« Cecilie drehte sich mehrmals nach Odin um.

»Toll? Red doch kein Blech! Er heißt Odin und ist ein doofer Bauerntrottel.« Minas Gewissen versetzte ihr einen Stich – daß sie so gemein sein konnte! Aber...

Die Sonne wärmte, und die Mädchen wanderten Arm in Arm am See entlang. Sie setzten sich in die Sonne, bis Mina zu ihrem Vater mußte. Den hatte sie seit über einem Jahr nicht mehr gesehen.

Hola, Melina!

Das »Smaragd« zu betreten bedeutete, das Frühlingslicht zu verlassen und in eine Welt einzutauchen, die Mina an Theaterkulissen erinnerte. Ihre Augen gewöhnten sich nur schrittweise an das trübe Licht. Die braunen Teppiche und die Textiltapeten wirkten billig, überall waren alberne rote Lampen angebracht, und der Gestank von Tabak und

Schnaps hing über allem. Minas Vater baute gerade sein Schlagzeug auf. Bei Minas Anblick strahlte er. »Hola, bella!« Er küßte sie und drückte sie an sich, und Mina errötete verlegen. »Du bist ja schon fast erwachsen.« Er hielt sie ein Stück von sich ab. »Du bist ja richtig schön geworden!«

Ihr Vater sah selber auch sehr gut aus, das war Mina klar, aber nun zeigten sich in seinen langen schwarzen Haaren, die er hinten zu einem Zopf geflochten hatte, die ersten grauen Strähnen. »Die Jungs laufen dir sicher schon hinterher?«

»Kein bißchen, Jungs interessieren mich nicht.«

Der Vater lachte und küßte sie noch einmal. »Komm, dann kriegst du eine Limo.« Sie setzten sich an einen kleinen Tisch neben der Bühne. Die anderen Musiker bauten die Lautsprecher auf. Sie nickten Mina zu, und Eduardo sagte mehrmals: »Das ist meine schöne Tochter Melina.«

Es war immer schön und traurig zugleich für Mina, ihren Vater zu treffen. Er war ihr fremd, aber gleichzeitig fand Mina vieles von sich selber in seinem Wesen wieder, in seinen Bewegungen, seinen Gesten, wenn er etwas erzählte. Sie wußte nicht, ob das typisch chilenisch oder einfach eine Eigenheit von ihm war, aber sie hatte manches von ihm geerbt, das wußte sie. Hinter der Bar stand ein Kellner und polierte Gläser. Er war ein großer, schwerfälliger Mann, der mit der Miene eines Schauspielers angetänzelt kam, um ihnen mit einer Verbeugung zwei Gläser Limonade zu servieren.

»Die Spielkameradinnen werden aber auch immer jünger«, sagte er und zwinkerte Eduardo zu.

»Das ist meine Tochter Melina und keine Spielkameradin. Hol uns lieber was zu essen aus der Küche!«

»Wird besorgt.« Der Kellner machte ein paar Schritte, wackelte mit seinem dicken Hintern, schwenkte mit geübter Handbewegung sein Handtuch durch die Luft und verschwand in der Küche.

Eduardo erzählte Mina, daß er für eine Woche in Bergen engagiert sei und dann nach Oslo zurückkehren werde. Er fragte nach Siren, und Mina antwortete nur: »Danke, es geht ihr gut.« Sie wollte ihrem Vater nichts von Thor und Odin erzählen, das wäre ihr wie ein Verrat an Mutter vorgekommen.

»Ich habe eine neue Freundin«, berichtete ihr Vater stolz. Als ob das eine Neuigkeit wäre! Vater hatte immer eine neue Freundin.

Die Schwingtür der Küche wurde aufgetreten, und der Kellner brachte zwei Teller.

»Die Frikadellen des Hauses, hübsch angerichtet von einem verwirrten Koch. Erstaunlich, was heutzutage alles eingestellt wird!« Er stellte Mina und ihrem Vater die Teller hin und zog sich dann hinter seine Bar zurück.

Nach dem Essen baute Eduardo sein Schlagzeug fertig auf. Einige Musiker spielten schon vor sich hin. Mina hörte zu, es lag eine ganz eigene Spannung in den grellen Scheinwerfern der Bühne und der Musik, die wie in kleinen Wasserfällen von der Bühne strömte.

Ihr Vater machte ein paar Tanzschritte, und dabei trommelte er und schüttelte ein paar kleine Rhythmusinstrumente.

»Komm, Melina, tanzen wir!«

Widerstrebend stieg Melina auf die Bühne. Die anderen Musiker spielten jetzt eine lateinamerikanische Melodie. Eduardo hielt den Takt, sang und tanzte dabei mit seiner Tochter.

Mina war bald weniger verlegen und tanzte einfach nur. Ihre Füßen bewegten sich wie von selber, und ab und zu tauschte sie mit dem Vater einen Blick, einen Blick des Wiedererkennens, hier kannten sie sich beide aus... mit dem Rhythmus, dem saugenden Gefühl im Körper, die Musiker spielten nur für Mina... im Lokal applaudierte jemand... sicher dieser dusselige Kellner... spielte keine Rolle... jetzt gab es nur Mina und den Vater und die Musik...

»Leiser, zum Teufel!« Ein großer Mann mit Stiernacken und Armen wie ein Gorilla rannte durch das Lokal.

»Idiot, siehst du nicht, daß ich mit meiner Tochter tanze?«

»Mir doch schnurz. Bald kommen die Gäste, und du...« Der Stiernacken musterte Mina mit strengem Blick. »Du bist minderjährig, also mußt du bald weg hier.«

Der Zauber war gebrochen, und Mina ging zum Tisch zurück, um einen Schluck Limo zu trinken. Am Tisch stand ein Junge, und als Mina sich auf ihren Stuhl fallen ließ, blickte sie geradewegs in zwei dunkle Augen. Diese Augen hatten sie schon einmal gesehen. Es war der Junge mit dem Messer! Ehe sie reagieren konnte, flüsterte er: »Sorry, sorry!« Und dann riß er die Teller an sich und verschwand in der Küche. Mina hielt den Atem an. Das war der Junge aus dem »Pizza Palast«. Er sah kein bißchen beängstigend aus, eher verzweifelt. Was der wohl hier machte?

Eduardo sprang von der Bühne.

»Du mußt jetzt gehen, Melina. Ich rufe an, okay?«

»Sicher«, antwortete Mina. Sie hatte gelernt, nicht zu fragen, wann er anrufen würde. »Ciao, bella!«

»Mach's gut, Papa!«

Mina ging hinaus in die Wirklichkeit. Es tat ihr gut, die Brise vom Meer zu spüren und die Möwen schreien zu hören.

Noch mehr Bruchstücke vom Geheimnis

Mina wollte nicht gleich wieder nach Hause und schaute erst einmal bei der *Eiche* vorbei. Nachdem sie dreimal geschellt hatte, hörte sie schleppende Schritte. Die *Eiche* öffnete und freute sich offenbar, sie zu sehen.

»Genau der Besuch, den ich jetzt brauche! Wie wäre es mit einer Tasse Tee?«

Nach der vielen Limonade war Tee aus einer dünnen Porzellantasse genau das richtige Getränk, bei dem sich gut erzählen ließ, was seit dem letzten Mal passiert war. Wenn jemand die Sache ernst nahm, dann die *Eiche*. Mina ging mit ihm in die Küche, die aufgeräumt und sauber war.

»Nun erzähl schon!« sagte er und setzte Wasser auf. Mina erzählte so ausführlich sie konnte, während die *Eiche* die Porzellantassen aus dem Schrank nahm. Sie erzählte, wie sie ihren Vater im »Smaragd« besucht hatte, verschwieg aber ihren Tanzauftritt. Der war etwas ganz Privates zwischen ihr und ihrem Vater. Dann erzählte sie von dem Jungen.

»Und du bist sicher, daß das derselbe Junge war wie der, der dich mit dem Messer bedroht hat?«

»Hundertprozentig sicher. Nur war ich letztes Mal außer mir vor Angst, und heute er, als er die Teller holen kam...«

»Vor Angst?« Die *Eiche* kostete dieses Wort aus.

Sie setzten sich an den Küchentisch. Mina schenkte Tee ein, und sie tranken den ersten Schluck. Der Tee machte Minas Magen ganz warm, und sie spürte, wie sie sich entspannte.

»Zuerst ist er im ›Pizza Palast‹, dort bedroht er mich mit einem Messer. Und dann arbeitet er im ›Smaragd‹ als Koch und sagt ›sorry, sorry‹. Vielleicht gehört er zu den Schurken?«

»Tja, irgend etwas sagt mir, daß das nicht sein kann. Denn dann würdest du jetzt nicht hier sitzen. Aber es gibt eine Verbindung zwischen ›Pizza Palast‹ und ›Smaragd‹. Und die müssen wir herausfinden.«

»Wie meinst du das?« Mina war ein bißchen verwirrt. Die *Eiche* trank Tee und ließ sich Zeit mit der Antwort.

»Entweder hat der Junge die Stelle gewechselt, oder ›Pizza Palast‹ und ›Smaragd‹ hängen zusammen. Ich habe morgen eine Vorlesung, aber zuerst will ich feststellen, wem das ›Smaragd‹ gehört. Es würde mich nicht wundern, wenn es denselben Besitzer hätte wie der ›Pizza Palast‹. Als erstes rufe ich morgen beim Brønnøysund-Register an.«

Mina war das lebende Fragezeichen.

»Das ist eine Stelle, wo alle Firmen registriert sind, und da kann ich nachfragen, wem in dieser Schurkenstadt was gehört.«

»Sollten wir nicht versuchen, mit diesem Jungen zu reden, oder mit der Polizei, oder...?« Mina hätte so gern sofort etwas unternommen.

Die *Eiche* rieb sich das Kinn und sah sie an. »Manchmal, Mina, muß man im Leben behutsam vorgehen. Und das hier kann eine Situation sein, in der wir uns unser Vorgehen lieber gut überlegen sollten. Ich werde mich mal umhören, also schau morgen wieder vorbei!«

Sie tranken ihren Tee und blickten zum Himmel hoch, der beim Sonnenuntergang immer röter wurde, während es in der kleinen Küche immer dunkler wurde.

Schon vor der Wohnungstür hörte Mina ihre Mutter singen. Als sie aufschloß, hörte sie »Das Leben ist lebenswert«, einen Refrain, der zu verraten schien, daß ihre Mutter wieder froh war. »Thor hat angerufen«, sagte Siren als erstes.

»Wie schön«, sagte Mina und versuchte, überrascht auszusehen. Odin hatte seinem Vater offenbar ihre Nachricht weitergegeben. Hoffentlich ist er kein Mistkerl. Dieser Gedanke war schon fast ein Gebet. Mach, daß dieser Schreiner Thor kein Riesenmistkerl ist! Meine Mutter hat etwas Besseres verdient.

»Obwohl du ihn nicht leiden magst...?« Mutter sah Mina bittend an, und die konnte sie einfach nicht enttäuschen.

»Der ist sicher in Ordnung. Und Cecilies Mutter sagt, daß so ein Handwerker eine kluge Anschaffung ist.«

»Warum hat sie denn das gesagt?«

Mina zuckte mit den Schultern. »Keine Ahnung.«

Jetzt fiel Siren ein, daß Mina ihren Vater besucht hatte, und bei diesem Gedanken verdüsterte sich ihr Gesicht sofort. »Wie geht's denn deinem Vater?«

»Gut, wir haben gegessen, und er hat eine neue Freundin, er war wie immer.« Mina brachte die Kurzversion, weil sie nicht hören wollte, wie ihre Mutter auf ihren Vater schimpfte.

»Trefft ihr euch noch einmal?«

»Du kennst doch Papa, keine festen Absprachen, aber wir sehen uns sicher...« Mina sah ihre Mutter an, und sie nickten sich zu. Mehr gab es in dieser Angelegenheit nicht zu sagen.

Odin und die Mädchen

Montage können anstrengend sein, und dieser Montag war da keine Ausnahme. So gut sie konnte, versuchte Mina nicht daran zu denken, daß sie gleich nach der Schule zum Zahnarzt mußte. Aber sie mußte, da half nichts. Sie hatte zwar nur zwei kleine Löcher, aber die hatten ihr schon den ganzen Schultag verdorben. Erleichtert kam sie gegen vier nach Hause, hungrig wie ein Straßenkater, nur leider mit Essensverbot belegt.

Sie hörte die Hammerschläge schon, ehe sie die Tür geöffnet hatte. Siren kam angerannt und riß Mina fast die Jacke vom Leibe. »Thor ist hier und bringt im Badezimmer ein Regal an. Odin ist auch da. Laß uns hoffen, daß es ein wenig netter wird als beim letzten Mal!« Der Satz enthielt eine Bitte und eine Drohung zugleich.

Mina beschloß, sich jeglichen Kommentar zu verkneifen. Sie ging in die Küche, wo Odin seinen langen Leib auf einem der wackeligen Ikea-Stühle zusammengeklappt hatte, die immer drohten, sich in ihre Bestandteile aufzulösen. Heute brachte er es sogar über sich, zu Minas Ehren den Schnabel aufzumachen. »Öh, hallo«, lautete sein geistvoller Gruß. Siren hatte ihm einen Stapel Micky-Maus-Hefte gebracht, in denen er pflichtschuldig herumblätterte.

»Wir essen heute ganz schlicht Spaghetti. Thor und ich wollen ins Kino gehen... ich dachte, Odin könnte dir solange Gesellschaft leisten. Er wohnt diese Woche bei Thor. Vielleicht zieht er auch ganz zu ihm, er ist ja groß genug, um das selber entscheiden zu dürfen, verstehst du...«

Irgendwer schien Siren aufgezogen zu haben, denn sie redete jetzt wie ein Wasserfall, während Thor mit dem Hammer den Takt schlug.

»Ach, Spitze«, sagte Mina und fing sich gleich wieder einen mahnenden Blick von ihrer Mutter ein.

»Kannst du Cola und Chips kaufen gehen?« Mutter war heute ja wirklich großzügig. Mina hätte glauben können, es sei Samstag und nicht so ein öder Montag.

Es wurde netter als erwartet. Odin entpuppte sich als Halmagenie, und Mina spielte schon fast mit der Möglichkeit, ihn nicht mehr »Bauerntrottel« zu nennen. Er war zwar einer, aber sie konnte trotzdem mit ihm reden.

Cecilie rief an, und als sie von Odins Anwesenheit hörte,

sprang sie sofort auf ihr Fahrrad. Die benimmt sich vielleicht komisch, dachte Mina, als sie ihr aufmachte. Die Art, wie sie mit Odin redete, war irgendwie bescheuert, und Mina begriff bald, was hier vor sich ging. Cecilie unterzog den Jungen einem Verhör dritten Grades, um alles über seine Familienverhältnisse, seine Hobbys und seine Zeugnisnoten zu erfahren, und die ganze Zeit gurrte sie wie eine Taube und ließ Haare und Wimpern doppelt so heftig flattern wie sonst.

»Mein Vater ist Bankdirektor, ja, du hast sicher von dem Banküberfall in Nesttun gehört.« Cecilie war jetzt zum Protzen übergegangen. »Mina und ich haben letzte Nacht etwas Entsetzliches erlebt. Wir sind mit dem Messer bedroht worden.«

Mina mußte Cecilies Geschichte etwas korrigieren.

»Du hast draußen hinter den Mülltonnen gehockt, ich wurde mit dem Messer bedroht.« Odin war jetzt natürlich neugierig geworden, und schließlich erzählten sie ihm alles. Alles über die *Stimme*, Schlaksi im Krankenhaus, den Jungen mit dem Messer, die *Eiche* und die anonymen Anrufe bei der Polizei.

»Ist der Bankräuber schon erwischt worden?«

»Nein, und ich weiß auch nicht, ob es so klug ist, Jagd auf Schurken zu machen«, sagte Cecilie mit flatternden Augenwimpern.

»Wir bleiben am Ball«, erklärte Mina, die plötzlich an die *Eiche* denken mußte. Sie ging zum Telefon und wählte seine Nummer. Und es gab Neuigkeiten.

»Ich habe mich erkundigt, wem das ›Smaragd‹ gehört, nämlich einer Gesellschaft namens ›Restaurantkameraden‹. Besitzerin oder Hauptaktionärin ist die Frau des Besitzers vom ›Pizza Palast‹, es sind also dieselben Eigentümerinteressen, oder, genauer gesagt, der Frau gehört das nur auf dem Papier, der Mann betreibt beide Restaurants. Habe ich mich klar ausgedrückt?«

»Ja, das schon. Wie heißt dieser Mann?« Mina war gespannt.

»Mal eben nachsehen, ach ja, Haldor Lilleås. Kommt von den Inseln, so ein Bauerntrottel.« Mina mußte einfach zu Odin hinüberblicken, aber der hatte natürlich nichts gehört.

»Haldor Lilleås.« Mina wiederholte diesen Namen laut und notierte ihn auf einem Zettel, der neben dem Telefon lag. Nun hörten sie die Haustür und Schritte im Treppenhaus. Siren lachte schallend. »Meine Mutter kommt, ich muß auflegen. Wenn ich kann, melde ich mich morgen wieder.« Sie legte auf, und die drei jungen Leute starrten auf die Tür, doch nichts geschah.

»Der Mann heißt Haldor Lilleås«, flüsterte Mina Cecilie und Odin zu.

Cecilie flüsterte: »Was macht deine Mutter bloß draußen auf der Treppe? Warum kommen sie nicht rein?«

Mina stand auf und horchte an der Tür. »Ich glaube, die knutschen.«

Cecilie kicherte, und Odin lief innerhalb einer Sekunde knallrot an. Erst nach einer Ewigkeit schlossen Siren und Thor die Wohnungstür auf. Siren hatte hektische rote Flekken auf der Wange, und ihre blonden Haare standen in allen Richtungen ab. »Habt ihr euch gut unterhalten?«

Sicher, klar, natürlich ... was soll man schon einer Mutter

antworten, die offensichtlich ihren Verstand verloren hat und ihr Herz dazu...

Später, als Thor und Odin gerade gehen wollten, flüsterte Odin Mina zu: »Die Familie Lilleås kommt von Lindås, mein Vater hat in der Nähe ein Ferienhaus.«

Mehr konnte er nicht mehr sagen.

Am Hafen

In dieser Woche passierte nichts mehr. Mina spürte, wie die Spannung nachließ, aber wie in einem Film sah sie immer wieder Szenen vor sich, eine nach der anderen: Den Banküberfall, die *Stimme*, den Jungen, das Messer. Wo sollte sie ansetzen? Wie würde die nächste Episode in dieser lokalen Kriminalfilmserie aussehen?

Jeden Tag glühten die Telefonleitungen zwischen den Familien Monsen und Takle. Thor mit dem Hammer war wirklich besser als der erste Eindruck, er war einfach nur ein bißchen schwerfällig. Die beiden alternden Frischverliebten telefonierten jeden Nachmittag und jeden Abend. Oft stundenlang. »Ich muß bis fünf Uhr warten, danach sind die Einheiten etwas länger.« Siren versuchte, sich vom Telefon fernzuhalten, doch das fiel ihr nicht leicht.

Am nächsten Freitag wollten sie sich wieder treffen, aber, durch Schaden klug geworden, arrangierte die Mutter keinen neuen gemeinsamen Ausflug. Sie und Thor wollten tanzen gehen, und Mina sollte selber entscheiden, wie sie diesen Abend verbringen wollte.

Gleich nach dem Essen klingelte das Telefon. »Das ist Thor«, sagte Siren, rannte hin, nahm ab und wollte schon »Residenz Monsen« gurren: »Residenz Monsen... o, hallo«, die Enttäuschung war ihr deutlich anzusehen. »Dein Vater«, sagte sie und reichte Mina den Hörer.

»Hola, Mina, ich wollte schon längst anrufen, aber ich hatte problemas, muchos problemas.« Der Vater stöhnte ins Telefon, und Mina stellte sich vor, wie er jetzt dramatisch mit den Händen in der Luft herumfuchtelte. »Ich bin Schurken zum Opfer gefallen, Banditen... wir spielen hier seit Tagen, aber bekommen wir unser Geld? Nein, kein Geld! Und jetzt kann ich nicht mehr hierbleiben, muß mir einen Job suchen, der auch bezahlt wird. Bandidos...«

Was sollte Mina ihm antworten? »Wie schade, Vater. Wann fährst du?«

»Heute abend. Kennst du diese *bandidos*?«

»Nein, ich glaube nicht.«

»Einer von diesen Idioten hat mich nach dir gefragt. So ein großer Brocken von einem Mann, der arbeitet offenbar in diesem schrecklichen Laden. Er hat dich tanzen gesehen...«

Mina hatte plötzlich Angst. »Wie sieht er aus?«

»Groß, dunkel, so ein Bodybuilder.«

»Hast du gesagt, wer ich bin?«

»Natürlich. Das ist meine schöne Tochter Melina, habe ich gesagt.«

Den Rest des Gesprächs bekam Mina nicht mehr so richtig mit. Sie dachte an die *Stimme* und fragte sich, ob er nun wüßte, wer sie war.

Vater versprach, bald wieder nach Bergen zu kommen, Mina sagte: »Spitze!«, und das war es dann für dieses Mal.

Siren sah Minas bekümmertes Gesicht und wollte sie trösten.

»Ist er schon wieder weg? Bist du traurig?«

Mina murmelte, ja, das schon ein bißchen, aber im Grunde war ihr Vater ihr in diesem Moment schnurz. Er würde schon wieder auftauchen. Das mit der *Stimme* war schlimmer. Wenn er es wirklich war, der nach ihr gefragt hatte... Die Sache machte ihr angst, sie mußte unbedingt kurz bei Cecilie anrufen. Die war sofort bereit zu kommen, um Trost und Stütze zu sein, wie sich herausstellte. Eine Viertelstunde später stand Cecilie nach einer wilden Radtour auf der Matte. »Hätte fast zwei alte Damen umgefahren«, keuchte sie.

Mina wollte nicht, daß Siren irgend etwas erfuhr, und deshalb beschlossen sie, einen Spaziergang durch den Hafen zu machen.

»Bleibt nicht zu lange weg, auch wenn es jetzt erst spät dunkel wird! Schließlich müßt ihr zeitig ins Bett«, war Sirens Abschiedsgruß.

Im Hafen waren viele Leute unterwegs, es war also nicht leicht, den Fall in Ruhe zu diskutieren. Und Cecilie ging Mina mit ihrer ständigen Fragerei über Odin auf die Nerven. Sie wollte alle Einzelheiten hören, wann er wieder zu Besuch kam, ob Minas Mutter und Thor zusammenziehen wollten.

»Jetzt nerv hier nicht rum, das weiß ich nicht. Hör mal, Cecilie, ich glaube, ich bin in Gefahr. Jemand im ›Smaragd‹

hat meinen Vater gefragt, wer ich bin. Wenn das nun die *Stimme* war? Vielleicht weiß der jetzt, wo ich wohne! Die *Eiche* hat herausgefunden, daß die Pizzeria und das ›Smaragd‹ denselben Besitzer haben. Die *Stimme* hat irgendwas mit dem ›Pizza Palast‹ zu tun. Versuch lieber, mir zu helfen, diesen Banküberfall aufzuklären! Ich habe das Gefühl, etwas zu wissen, ich weiß nur nicht genau, was.«

»Du übertreibst, Mina, ich glaube, du hast ein bißchen zuviel Phantasie.«

»Phantasie, das ist doch keine Phantasie! Kapier doch endlich, daß das alles passiert ist!« Mina starrte ihre Freundin verzweifelt an.

Eine merkwürdige Gruppe von Männern kam lärmend auf sie zu. Erwachsene Männer, die sich mit den seltsamsten Kostümen verkleidet hatten. Einer ging als Frau mit riesigem Busen. Sie feierten einen Junggesellenabschied am Vorabend der Hochzeit, und der Bräutigam war die Frau mit dem Plastikbusen. Mina und Cecilie waren so hingerissen von diesem irren Anblick, daß sie den Mann gar nicht bemerkten, der hinter sie getreten war. Plötzlich wurde Mina hochgehoben. Verzweifelt wand sie sich, um dem Mann ins Gesicht zu sehen, aber der hielt sie mit eisernem Griff. Die Angst lähmte sie, sie wollte schreien, aber ihre Kehle war wie zugeschnürt. Sie spürte seinen Atem, und dann hörte sie die zischende Stimme dicht an ihrem Ohr: »Finger weg vom ›Pizza Panast‹! Wir mögen keine Schnüffnerinnen, denen drehen wir den Hans um! Ist das knar?«

Mina wand sich und trat um sich, um sich zu befreien,

der Mann verlor das Gleichgewicht und stolperte auf die Hafenmauer zu. Und dann ließ er Mina fallen.

Das unfreiwillige Bad

Sie traf auf die Wasseroberfläche auf, und das eiskalte Wasser schloß sich über ihrem Kopf, während sie sank. Panik erfaßte sie, sie versuchte, die Augen zu öffnen, war aber wie gelähmt. Nach einer Weile konnte sie wieder denken, machte ein paar Schwimmzüge, um nach oben zu kommen und hörte zu ihrem Erstaunen einen Schrei, als ihr Kopf wieder über Wasser war. Sie selbst war es, die laut um Hilfe schrie.

Ein junger Mann hatte schon seine Jacken fallenlassen, seine Schuhe abgestreift und mit elegantem Sprung das Wasser erreicht. »Ruhig atmen, das schaffen wir schon. Du kannst ja schwimmen!« Er schien fast ein wenig enttäuscht.

Minas Kleider waren bleischwer, und für sie war die kurze Schwimmtour bis zur Steintreppe harte Arbeit. Die Polizei wartete schon auf sie, und Cecilie versuchte zu erklären, was geschehen war. Drei Polizisten standen da, und jeder runzelte düster die Stirn.

»Ins Wasser geworfen, bist du ganz sicher?« Cecilie nickte und nickte.

Mina kam fröstelnd an Land und nickte ebenfalls. Irgendwer hatte eine Decke geholt und wickelte sie hinein. Es hagelte nur so Erklärungen. Die Polizei fragte und bohrte, aber Mina konnte kaum sprechen. Sie klapperte mit den Zähnen und weinte. Ihr Retter war ebenfalls naß und kalt, aber er wurde in ein Restaurant in der Nähe geschickt, wo er sich Kleider leihen konnte.

»Wo wohnst du? Wir bringen dich wohl lieber nach Hause«, meinte einer der Uniformierten.

Mina fiel ein, daß ihre Mutter nicht zu Hause war, und deshalb fuhren die Polizisten sie und Cecilie nach Kalfaret.

Cecilies Eltern standen schon in der Tür, als der Streifenwagen anhielt. In allen Nachbarhäusern standen Blumen in den Fenstern, und über den Töpfen drängten sich neugierige Köpfe aneinander. Endlich passierte etwas in diesem verschlafenen Kalfaret.

»Ich glaube, sie muß sich erst mal was Trockenes anziehen, und dann sollte jemand mit ihr auf die Wache kommen. Sie behauptet, daß sie ins Hafenbecken geworfen wurde.«

Der Bankdirektor sagte mit dämlicher Miene dreimal »selbstverständlich«. Mina kam das überhaupt nicht so selbstverständlich vor. Cecilies Mutter war plötzlich die beste auf der Welt. Sie nörgelte nicht, sondern half Mina einfach aus den nassen Kleidern, die ganz seltsam rochen, eine Mischung aus Salzwasser und Kloake. Unter der Dusche brach Mina in Tränen aus, und Cecilies Mutter kam ins Badezimmer und tröstete sie: »Ganz ruhig, Mina, wir reden gleich darüber. Ich koche uns erst einmal einen Kakao.« Sie rieb Mina ab, und endlich kehrte die Wärme in Minas Körper zurück. Mina konnte von Cecilie Kleider leihen.

Cecilies Eltern hatten den Zwischenfall ganz sichtlich schon besprochen, denn als Mina sich angezogen hatte und in die Küche kam, sah der Herr Bankdirektor verwirrt und besorgt aus.

»Stimmt es, daß du etwas über den Banküberfall weißt?«

Mina fand, es sei nun an der Zeit, alles zu erzählen. Doch es war nicht mehr nötig, das hatte Cecilie schon so einigermaßen erledigt.

»Willst du behaupten, daß dich jemand ins Hafenbekken geworfen hat, weil du etwas über den Banküberfall weißt?« Cecilies Vater hätte genausogut fragen können, ob sie den Weihnachtsmann für den Bankräuber hielt.

»Ja, ich glaube schon, aber ich habe den Mann nicht gesehen, der mich hochgehoben hat, ich habe nur seine Stimme gehört, und er hatte auf jeden Fall denselben Sprachfehler wie der Bankräuber.«

Sie schwiegen lange.

»Ich fahre dich zur Polizei, und da kannst du alles erzählen, was du weißt.«

Die Anzeige

Auf der Wache wurden Mina und Bankdirektor Wickmann in ein Büro geschickt, dessen Glastüren auf den Flur blickten. Der Beamte hinter dem Schreibtisch war klapperdürr und hatte große knochige Hände, die darauf warteten, ein Formular ausfüllen zu können. Sein Gesicht erinnerte an eine Backpflaume und verriet, daß ihm frische Luft lieber war als Büroarbeit.

»Sie wollen also Anzeige erstatten«, sagte er zu Cecilies Vater.

Der räusperte sich und erklärte umständlich die Situation. Das führte dann zu weiteren ausgiebigen Erklärungen, und mehrmals mußten Minas Namen, ihre Adresse, ihr Geburtsdatum, der Name ihrer Mutter, der Name ihres Vaters buchstabiert werden...

»Wenn ich das richtig verstanden habe, dann wollen Sie Anzeige erstatten, obwohl Sie nicht wissen, wer Melina«, er blickte auf sein Formular, »Moya Monsen ins Wasser geworfen hat. Stimmt das?«

In diesem Moment klopfte jemand an die Fensterscheibe, und die Tür wurde geöffnet. Mina drehte sich um und blickte Aslaksen voll ins Gesicht. Er sah jetzt etwas besser aus, sein Gesicht war nicht mehr so geschwollen, und er konnte beide Augen öffnen. »Hast du diesen Knaben zu Ende interviewt?« grinste der uniformierte Polizist, der Aslaksen begleitete.

Entsetzt sprang Mina auf und wich zurück an die Wand. Es wurde ganz still, und das *Skelett* am Schreibtisch hob den Kopf und schien etwas zu wittern.

Aslaksen sah aus wie eine Gewitterwolke. Er kniff die Lippen zusammen, und sein Blick ließ Mina erschauern.

»Kennt ihr euch?« Das *Skelett* ließ seinen scharfen Blick zwischen Mina und Aslaksen hin- und herwandern.

Mina konnte nicht antworten, und das *Skelett* zuckte kurz mit den Schultern.

»Schaff ihn weg hier, wir müssen ihn laufen lassen... dieses Mal.«

Ehe Aslaksen ging, drehte er sich um und bedachte Mina

mit einem Blick, der nichts Gutes verhieß. Der Bankdirektor drückte sie wieder auf ihren Stuhl.

»Ist nach dieser Schwimmerei ein Alkoholtest vorgenommen worden?« fragte das Polizeiskelett mit stahlharter Stimme. »Nein, natürlich nicht. Was hattest du getrunken, ehe du ins Hafenbecken gesprungen bist, oder stehst du eher auf Pillen?«

»Hören Sie mal, das ist ja wohl nicht nötig...«

Der Bankdirektor wurde durch eine lange Rede über schlechte Gesellschaft und Herumtreiberei, wovon die Mütter nicht die geringste Ahnung haben, zum Schweigen gebracht. Das Ende vom Lied war etwas über das Jugendamt und daß diese jungen Leute in immer früherem Alter auf Abwege geraten.

Der Bankdirektor war verstummt, und nach einigen Minuten blickte er Mina mit einem Gesichtsausdruck an, als ob er sie noch nie gesehen hätte.

Als das *Skelett* zum siebzehnten Mal anrief, war Siren endlich zu Hause, und zehn Minuten später stand sie atemlos und sichtlich erregt in der Wache.

»Mein Kind, was ist passiert?«

Mina hatte alle Erklärungsversuche aufgegeben. Sie wollte ihrer Mutter so gern alles erzählen, aber dieses Verhör durch die Polizei hatte ihr allen Mut genommen. »Ich will nach Hause, Mama...«

»Sie sollten besser auf Ihre Tochter aufpassen, Frau Monsen. Sie ist möglicherweise in schlechte Gesellschaft geraten.«

»Was?« Siren krümmte den Rücken wie eine Tigerin, und

ihre Bewegungen machten deutlich, daß sie sich zum Angriff bereitmachte, um ihr Kind zu beschützen. »Schlechte Gesellschaft, nichts da, das würde ich ja wohl wissen! Dich hat also jemand ins Wasser geworfen? Und wer war das, Liebes? War das ein Unfall?«

Mina starrte den Boden an. »Können wir nicht gehen, Mama? Dann erzähle ich dir alles.«

Siren fauchte noch einmal das Polizeiskelett an, das sichtlich erleichtert war, sie schließlich loszuwerden. Der Bankdirektor konnte nicht schnell genug vom Polizeirevier wieder hinaus ins Freie kommen. Er war mürrisch, bot aber an, Mina und Siren nach Hause zu fahren. Siren lehnte höflich ab, sie sah, wie er sich verändert hatte.

Mutter und Tochter wanderten langsam durch die Frühlingsnacht nach Hause. Es duftete nach Flieder, und auf den Treppen saßen Katzen und ließen sie nicht aus den Augen, als sie Arm in Arm vorüberkamen. Mina erzählte, was sie wußte, und Siren hörte zu, ohne ihr Vorwürfe zu machen.

Zu Hause setzten sie sich in die Sofaecke, und als die Nacht in den Morgen überging, waren sie zu einer Art Vereinbarung gekommen.

»Das ist zu gefährlich, Mina. Manchmal muß man den Dingen einfach ihren Lauf lassen. Du kannst dich nicht mit Schurken und Bankräubern anlegen. Von nun an machst du einen Bogen um Orte, wo du Ärger kriegen kannst. Ist das klar? Keine Restaurants mehr, keine Jagd mehr auf Bankräuber und Denunzianten.«

Mina nickte. Sie war müde, und in diesem Moment war

sie ganz der Meinung ihrer Mutter. Sie wollte schlafen und alles vergessen, die *Stimme* und Schlaksi und die Restaurants und den Schnaps...

Ehe sie einschlief, dachte sie aber noch: Ich muß die *Eiche* anrufen.

Der Trick mit den Blumen

Mina rief die *Eiche* nicht an. Sie schrieb ihm eine Karte, auf der sie ihn kurz über das unfreiwillige Bad unterrichtete, und teilte ihm mit, was sie ihrer Mutter versprochen hatte. Die *Eiche* würde das bestimmt verstehen.

Wer entschlossen ist, etwas wirklich zu vergessen, hat oft schon in kurzer Zeit Erfolg. Schon nach wenigen Wochen schien das Bad im Hafen nie geschehen zu sein. Mina kam es vor wie ein weit zurückliegender Traum. Und doch tauchte ab und zu der verzweifelte Blick eines ausländischen Jungen in ihren Gedanken auf.

Es wurde Mai, und ein Feiertag folgte auf den anderen. Siren und Thor trafen sich fast jeden Tag, und Mina gewöhnte sich langsam an diesen ruhigen Mann. In vielerlei Hinsicht war er ein Tollpatsch, aber er war nett und umgänglich, auch wenn er nicht viel redete. Das erledigten ja Siren und Mina.

Eines Nachmittags rief die *Eiche* bei Mina an. »Danke für die Karte. Wollte nur mitteilen, daß in der Zeitung eine kleine Notiz steht, die mit dem Restaurantgeheimnis zu tun haben kann.«

»Wirklich? Aber du weißt doch, daß meine Mutter mir verboten hat, mich noch weiter damit zu befassen.«

»Das kann ich gut verstehen. Mit diesen Schurken sollte man lieber nicht Katz und Maus spielen. Aber hör mal zu! Razzia in Pizzeria. Die Polizei durchsuchte gestern abend eine Pizzeria in der Innenstadt. Es bestand Verdacht auf Verstöße gegen das Schankgesetz, was sich jedoch nicht nachweisen ließ. Der Besitzer, dem noch weitere Restaurants in Bergen gehören, erwägt, die Polizei wegen Gewalttätigkeit und Vandalismus anzuzeigen. Ein Türsteher behauptet, von der Polizei niedergeschlagen worden zu sein, außerdem sei ein Tisch zerbrochen worden. Die Polizei mußte unverrichteter Dinge wieder abziehen.«

»Die haben meinen Tip ernst genommen. Das war bestimmt der ›Pizza Palast‹.« Mina geriet in helle Aufregung.

»Ja, aber sie haben zu lange gewartet. Wenn wirklich Schnaps geschmuggelt wird, dann wird der sicher nur vorübergehend im Restaurant gelagert. Die Waren werden sicher umgepackt und dann weiterverkauft.«

Mina stimmte zu, doch dann fiel ihr ein, was sie ihrer Mutter versprochen hatte. »Ich kann nicht viel unternehmen«, sagte sie.

»Das weiß ich«, antwortete die *Eiche*. »Ich erzähle dir auch in Zukunft, was in der Zeitung steht.« Plötzlich sah Mina ihn vor sich, wie er in dem dunklen Wohnzimmer saß, mit seinen Zeitungen, seiner Pfeife und seinem Tee.

»Ich besuche dich bald wieder.«

»Der Tee wartet schon auf dich«, sagte er.

Pfingsten rückte näher, und die Familien Monsen und Takle planten einen Ausflug zu Thors Ferienhaus auf Lindås.

Thor hatte das kleine Haus von seinen Eltern geerbt, und da draußen auf der Insel Lindås hatte er seine Frau kennengelernt, Odins Mutter. Sie wohnte noch immer auf Lindås, nun aber im Hauptort, Knarvik. Odin kam oft in die Stadt, und eines Nachmittags in der Woche vor Pfingsten beschloß Mina, etwas mehr über den Jungen mit dem Messer herauszufinden. Sie hatte sich schon den Kopf zerbrochen, wie sie Kontakt zu ihm aufnehmen könnte. So, wie er sie angesehen und um Entschuldigung gebeten hatte, war klar, daß er nicht gefährlich sein konnte. Sie könnte zu ihm ins Restaurant gehen, aber sie traute sich nicht. Und wo arbeitete er eigentlich? Im »Smaragd« oder im »Pizza Palast«? Die *Stimme* würde ja vielleicht dasein! Eine Möglichkeit wäre es, Cecilie hinzuschicken, aber würde die sich auch trauen? Und die *Stimme* hatte Cecilie ja an dem Tag gesehen, als er Mina ins Wasser warf. Und Mina hatte im Moment nicht das ganz große Vertrauen zu ihrer Freundin. Cecilie benahm sich in letzter Zeit ganz schön albern, vor allem, wenn Odin in der Nähe war.

Als Odin eines Nachmittags zu Besuch kam, beschloß Mina, daß nun die Zeit reif sei. »Tust du mir einen Gefallen, Odin?«

»Kommt drauf an.«

Mina erklärte ihm, was sie in den letzten Tagen ausgeheckt hatte. Sie wollte versuchen, den Jungen im »Smaragd« aufzusuchen, weil er zuletzt dort gearbeitet hatte.

Doch dazu brauchte sie Odin und den Blumentrick. Ein Strauß Birkenreisig wurde sorgfältig in Geschenkpapier eingepackt, das Siren in der Kommode liegen hatte. Zusammen gingen sie ins »Smaragd«, genauer gesagt, in dessen Hinterhof. Dort standen viele flotte Autos, schließlich hatten hier mehrere Firmen ihre Eingänge. Die Hintertür zur Küche vom »Smaragd« stand offen, aber sie konnten nicht hineinsehen.

Mina und Odin waren ihren Plan mehrere Male durchgegangen, trotzdem waren sie recht nervös. Sie zögerten noch, doch dann beschloß Mina, die Sache hinter sich zu bringen. »Geh jetzt, und sieh dich da drinnen um! Wenn dir jemand begegnet, dann sag deinen Spruch auf! Ich warte hier bei den Mülltonnen.« Odin sollte sich als Blumenbote ausgeben, der die Adresse des Empfängers nicht mehr genau wußte.

Odin raffte sich auf und ging ins Haus. Mina fand, daß er blaß aussah, als er durch die Küchentür verschwand. Sie wartete und schaute dabei auf die Uhr. Eine Minute, zwei Minuten, drei Minuten... und nun kam jemand aus der Tür. Es war der Junge, und als er Mina sah, fuhr er zurück, kam dann aber zögernd auf sie zu. Sie wußte nicht, was sie erwarten sollte, und sie war total verdutzt, als er ihre Hand nahm, sich verbeugte und noch einmal sagte: »Sorry, ich dir nicht wehtun.«

»Wer bist du?«

»Ich Tariq. Ich hier nur arbeiten.«

»Was soll das heißen?«

Der Junge sah verwirrt aus. »Ich sein Koch, putzen, ganzen Tag arbeiten, ganze Nacht.«

»Warum hast du mich angegriffen?«

»Ich dachte du Polizei, an Abend in Pizza. Ich Job verlieren, wenn mit dir rede. Du mußt gehen, nicht kommen her.«

»Aber ich will wissen, wer die *Stimme* ist, ein großer, dunkler Mann?«

Tariq sah noch verängstigter aus. »Nein, ich Job verlieren. Du müssen gehen!«

»Können wir uns nicht unterhalten? Wenn du für heute fertig bist?«

Er zögerte. »Vielleicht um acht.«

»Ich komme um acht, ich verlasse mich auf dich.«

Plötzlich kam Odin aus der Küche, und wie auf Kommando rannte der Junge ins Haus zurück. Odin war ziemlich rot im Gesicht, aber er nickte und wirkte erleichtert. Sie verließen den Hof und liefen zur Øvregate hoch. Die Spannung war nicht auszuhalten. »Hast du was gefunden?«

Odin schüttelte den Kopf. »Ich habe nichts gesehen, als ich reinkam. Doch der Pakistaner stand gerade am Spülbekken und hat mich gesehen. Ich habe ihm das Foto von dir gezeigt und gesagt, eine Freundin von mir wollte mit ihm sprechen. Ich habe die ganze Küche untersucht, aber da war nicht eine Flasche. Und dann kam ein Kellner und fragte, was ich wollte, und da habe ich das mit den Blumen erzählt. Das war ganz einfach.« Odin war sichtlich stolz und erleichtert. »Da arbeitet keiner namens Hannibal Sirusdal.«

Beide lachten, und Mina sah Odin an und dachte: So doof ist er ja doch nicht.

Noch am selben Abend um Punkt acht Uhr standen sie wieder auf dem Hinterhof. Es wurde zehn nach, Viertel nach, halb neun. Mina und Odin wollten gerade gehen, als sich die Küchentür öffnete und Tariq erschien. Er blickte unruhig um sich, dann kam er zu ihnen herüber. »Ich arbeiten, nicht frei kriegen. Ihr vorsichtig sein.«

»Schmuggeln die? Schnaps?« Mina mußte das einfach fragen. Tariq wurde noch ängstlicher. Dann nickte er. »Ich Angst. Ihr müssen gehen, sonst ich verlieren Job.«

Mina zog einen Briefumschlag aus der Tasche.

»Wenn du Hilfe brauchst, dann ruf bei diesem Mann an! Der wird dir helfen.«

Aus der Küche hörten sie eine Stimme brüllen. »Tariq!«

Tariq zögerte kurz, dann nahm er den Briefumschlag und rannte zur Küche zurück. »Ich komme, nur Müll wegbringen!«

Das lustige Landleben

Am Freitag nachmittag standen Mina und Siren mit gepackten Rucksäcken und Provianttaschen bereit. Thor holte sie unten in der Øvregate ab, und dann fuhren sie zum Fähranleger in Steinestø. Mina freute sich. Sie stiegen alle drei aus und sahen die Fähre über den Fjord herankommen. Der Wind packte Minas Haare und ließ sie wie einen Fächer in der Luft wehen. Thor griff danach und zog zum Scherz ein wenig daran. Wenn ihnen jetzt jemand zusah, müßte er glauben, daß da eine ganze normale Familie einen Ausflug machte. Und weil Mina dunkler war als Siren und Thor, würde er sie vielleicht für ein Adoptivkind halten. Mina gefiel diese Vorstellung.

Odin wartete schon auf der Treppe, als sie schwer bepackt über den Fußweg von der Hauptstraße kamen. Er hatte Angel und Rucksack bei sich und wirkte zum ersten Mal nicht ganz so unbeholfen. Hier war er zu Hause, er trug Seestiefel, keine durchnäßten, verdreckten, schwappenden Turnschuhe wie Mina und ihre Mutter.

»Hier habe ich als Kind alle meine Sommerferien verbracht.« Thor öffnete mit einem großen Schlüssel, der an einem Nagel neben der Tür hing.

Das Haus war eigentlich kaum größer als ein Bootsschuppen und bestand aus einem Wohnzimmer mit einem großen Hochbett und einer Küche. Es war schlicht möbliert, mit Holzstühlen, einem braungelbkarierten Schlafsofa, einem selbstgebauten Regal und Bildern, die einen Hobbymaler in der Familie vermuten ließen. Eine kleine Diskussion entstand darüber, wer wo schlafen sollte, und am Ende nahmen Siren und Thor das Hochbett, Mina das Schlafzimmer mit dem Etagenbett und Odin das Sofa im Schlafzimmer.

»Als Teenie habe ich darauf geschlafen«, erzählte Thor.

Das Beste am Haus war die Veranda, die gleich an das Wohnzimmer anschloß. »Die hab' ich vor ein paar Jahren gebaut. Kann von hier aus fast schon angeln«, sagte Thor und öffnete für Siren die Verandatür. Sie war einfach begeistert, und alle vier blickten aufs Meer hinaus. Mina atmete die salzige Seeluft ein und betrachtete die Wellen, die sich am Strand verliefen. Schön, mal aus der Stadt rauszukommen, dachte sie.

»Nein, jetzt packen wir aus, lassen das Ruderboot zu Wasser und fahren angeln, was, Odin?« Thor war plötzlich richtig redselig, und die Stimmung hob sich und wurde im Laufe des Nachmittags und des Abends immer munterer. Die Steppdecken wurden zum Lüften auf das Geländer der Veranda gehängt, und Siren schrie auf, als sie auf dem Hochbett kleine Mäuseköttel entdeckte. Sie setzten das Ruderboot aufs Wasser, und Mina und Siren ruderten, während die Jungs angelten. Mina ruderte zum ersten Mal, und es fiel ihr gar nicht leicht, das Boot von der Stelle zu bewegen. Sie fuhren einen langsamen Slalom, und Mutter und Tochter lachten und sangen, um die Ruder in Takt zu halten. »Die Fische kriegen einen Schreck«, murmelte Odin, aber er fühlte sich sichtlich wohl, wie er so mit seiner Angel hinten im Boot saß.

Sie umrundeten eine Landzunge und entdeckten alte verfallene Hütten und einen kleinen Anleger mit einem Schuppen. »Das gehört alles Lilleås«, sagte Odin zu Mina. »Er läßt es seit Jahren einfach ungenutzt verfallen. In dem weißen Haus weiter oben ist er aufgewachsen, aber seit sein Vater vor über zehn Jahren gestorben ist, steht es einfach leer.«

Mina blickte kurz zu ihrer Mutter hinüber, doch die erzählte gerade Thor irgendeine Geschichte. »Erzähl mir später mehr!« flüsterte sie Odin zu. Ihre Mutter wußte ja nichts über Lilleås, und es bestand auch kein Grund, sie wieder in Unruhe zu versetzen. Mina verspürte leichte Gewissensbisse, schließlich hatte sie versprochen, sich in nichts mehr einzumischen. Aber ihre Neugier war nun wieder geweckt worden, und sie blickte zum Land hinüber. Die Häuser muß ich mir wirklich mal ansehen, dachte sie.

Leeres Haus

Die ersten beiden Tage verbrachten sie mit Angeln und Aufräumen der Hütte. Erst am Sonntag nachmittag, als Siren und Thor einen kleinen Ausflug vorschlugen, hielt Mina den Zeitpunkt für gekommen, einen Blick auf das Lilleås-Gelände zu werfen. »Vielleicht kann Odin mich ein bißchen hier auf Lindås herumführen«, sagte sie. »Dann habt ihr eure Ruhe!«

Mutter lachte und sagte: »Wir sind durchschaut«, und dann flatterten die Turteltauben eng umschlungen davon. Mina und Odin blickten ihnen kurz nach, dann zogen sie Stiefel und Jacken an. Es war zwar schönes Wetter, doch vom Meer her wehte ein kräftiger Wind.

Sie gingen zur Hauptstraße hoch. Sie brauchten fast eine halbe Stunde, um den schmalen, überwucherten Weg auf der anderen Seite eines verrosteten einfachen Tores zu erreichen. Am Tor hing ein namenloser Briefkasten, und dieser Weg war offenbar schon lange nicht mehr betreten worden. Sie schlossen das quietschende Tor hinter sich und gingen den Weg entlang. Er führte steil nach unten und war an manchen Stellen weggebrochen. Immer wieder mußten sie über Felsblöcke klettern, um überhaupt weiterzukommen. Das Haupthaus sah öde und verlassen aus, und der Verputz schien vom Wind weggeweht worden zu sein. »Hier wohnt keiner«, sagte Odin. »Du brauchst also keine Angst zu haben.« Sie versuchten, durch die Fenster zu schauen, aber dahinter hingen alte, verschossene Vorhänge.

»Auf dem Lande schließt niemand ab.« Odin ging zur Tür und griff nach der Klinke. Die Tür war verschlossen, und Odin machte ein verdutztes Gesicht. »Sieh an, ein ganz neues Türschloß! Komisch, warum um Himmels willen schließt jemand dieses Haus ab? Das ist doch bestimmt ganz leer!« Er rüttelte an der Klinke.

Dieses Restaurantgeheimnis läßt mich nicht mehr los, dachte Mina. Das Haus wird bestimmt benutzt. »Sieh mal hier im Gras, hier ist jemand gegangen!« Ganz deutlich war das Gras in gerader Linie von der Tür zum Anleger niedergetreten. Sie folgten dieser Linie bis zum gemauerten Anlegeplatz, auf dem ein kleiner Wellblechschuppen stand. Im Schuppen hingen alte, verrottete Fischernetze, sie sahen Teile eines Bootes, einige Ruder und allerlei Abfall. Mina bückte sich und hob etwas auf, das genau vor dem Schuppeneingang gelegen hatte. Eine leere, knallbunte Streichholzschachtel: »Nachtclub Smaragd, bekannt für gute Stimmung!«

»Hier ist erst vor kurzer Zeit jemand gewesen. Diese Streichholzschachtel ist noch ganz, sie kann nicht länger als ein paar Tage hier gelegen haben. Sicher kommen die Schnapsschmuggler hierher.« Kaum hatte Mina das gesagt, da überfiel sie auch schon wieder die Angst, und sie sah sich nach allen Seiten um. Auch Odin machte ein besorgtes Gesicht. »Wir gehen zurück«, sagte er. Auch er sah die Gefahr, in der sie sich befanden.

Keiner von beiden sah den Vorhang, der sich hinter einem Fenster im ersten Stock bewegte.

Anna Lovinda

Auf dem Weg zur Hauptstraße diskutierten sie hin und her. Mina wollte die *Eiche* anrufen und vom Lilleås-Grundstück erzählen, aber das Ferienhaus hatte kein Telefon. Zum Glück wußte Odin von einer Zelle, gleich neben dem Supermarkt.

»Schön, dann laß uns doch nach dem Essen hingehen! Aber bitte kein Wort an meine Mutter, du weißt ja, ich habe versprochen, die Finger vom Restaurantgeheimnis zu lassen.«

Das Essen dauerte länger als erwartet. Thor hatte unten am Strand eine kleine Feuerstelle, dort kochte er in Folie gewickelten Fisch. Mina wären Würstchen lieber gewesen, doch sie beklagte sich nicht. Es machte auch Spaß, fröstelnd hier zu sitzen und auf das Essen zu warten. Sie hatten alte Picknickstühle gefunden, und wenn sie sich in Wolldecken einpackten, dann konnten sie gut im Freien essen.

Gleich nach dem Essen gab Mina Odin ein Zeichen. Er zwinkerte zurück, und wie auf Kommando sprangen sie auf. »Wir würden gern eine kleine Radtour machen. Geht das?«

Thor und Siren sahen überrascht auf. »Seid aber vorsichtig, du weißt doch, wie die Leute hier draußen fahren, Odin. Die Einheimischen fahren wie die Wilden, um die

Fähre noch zu erwischen«, erklärte er Siren, die ebenfalls mit Ermahnungen nicht zurückhielt. Die Fahrräder waren alt, ohne Gangschaltung, schwarz mit braunem Sattel. Sicher hatten sie einmal Thors Eltern gehört. Mina und Odin mußten sie auf dem Weg zur Hauptstraße mehrere Male tragen, ehe sie zum Supermarkt fahren konnten. Der hatte sonntags natürlich geschlossen, aber davor stand eine rote eiserne Telefonzelle. Mina zog Münzen aus der Tasche und wählte die Nummer der *Eiche*. Sie wartete voller Spannung, es klingelte, einmal, zweimal, dreimal; endlich nahm er ab.

»Hallo, ich bin's, Mina. Ich muß mich beeilen, sonst reicht mein Geld nicht. Ich war auf dem Grundstück von Lilleås, und da gibt es ein abgeschlossenes Haus und einen Anleger, auf dem ich eine Streichholzschachtel aus dem ›Smaragd‹ gefunden habe. Das Haus ist eine reine Bruchbude. Die Vorhänge sind zugezogen, aber vor kurzem muß noch jemand dort gewesen sein.«

Die *Eiche* schwieg einen Moment, dann sagte er: »Ich muß schon sagen. Lilleås hat also da draußen ein Haus. Und wo liegt das?«

Mina mußte Odin flüsternd um Hilfe bitten, um sich bei der Adresse nicht zu irren. »Ich kann jetzt nichts tun«, sagte Mina. »Könntest du der Polizei einen Tip geben?«

»Ich muß mir das erst mal überlegen, aber alles scheint jetzt auf diesen Lilleås hinzudeuten, wer immer das auch sein mag. Ein Haus auf dem Land ist doch geradezu ideal als Lagerplatz für Schnaps. Was dieser Bankräuber damit zu tun hat, begreife ich allerdings noch immer nicht.«

Das Telefon fing an zu fiepen. »Sei vorsichtig, Mina!«

»Das Geld ist alle, mach's gut, *Eiche*...« Mehr konnte Mina nicht mehr sagen, dann wurde das Gespräch unterbrochen.

Odin und Mina blieben eine Weile auf der Treppe des Supermarktes sitzen und plauderten. Odin wußte noch nicht, ob er im Sommer zu seinem Vater ziehen sollte, er spielte oft mit diesem Gedanken. Schließlich sagte Mina: »Laß uns noch mal zum Lilleås-Haus fahren!«

»Wollte ich auch schon vorschlagen«, sagte Odin. »Und ich mag Mädchen, die keine Feiglinge sind.« Mina spürte, wie sie rot wurde.

Sie sprangen auf die Räder, und schon nach zehn Minuten hatten sie das rostige Tor erreicht. Sie legten ihre Räder ins hohe Gras und mußten noch einmal über den unebenen Weg zum Haus balancieren. Diesmal waren sie ganz vorsichtig. Und sie sahen es gleichzeitig: Über der Haustür brannte Licht. Vorsichtig hockten sie sich hinter einen Busch. »Da ist jemand, ich bin ganz sicher, daß vorhin hier noch kein Licht gebrannt hat«, sagte Odin. »Aber das ist vielleicht eine Zeitschaltung.«

Sie beobachteten das Haus, aber alles blieb still.

»Wir gehen ein Stück näher heran.« Mina hatte Angst, aber sie mußte weiter. Als sie das Haus fast erreicht hatten, blieben sie stehen. Unten beim Anleger lag ein Boot. Ein altes Fischerboot, aus Holz, schlecht in Schuß, braun, an der Reling und am Steuerhaus blätterte die Farbe ab. Einen Moment lang waren sie verwirrt, dann packte Odin Mina am Arm, und sie rannten weg und versteckten sich hinter einer Baumgruppe.

»Hast du jemanden gesehen?« Mina spürte, wie ihr Herz loshämmerte.

Odin schüttelte den Kopf. Sie lauschten konzentriert, aber alles blieb still. Schritt für Schritt näherten sie sich dem Anleger und dem Blechschuppen.

»Sollen wir mal aufs Boot gehen?« Mina flüsterte Odin ins Ohr, und der schüttelte energisch den Kopf. »Aber auf jeden Fall müssen wir herausfinden, wie das Boot heißt.«

Jetzt standen sie hinter dem Schuppen, und wenn sie vorsichtig waren, konnten sie um die Ecke aufs Boot lugen.

»Ich gehe vor.« Mina wußte nicht, warum sie so mutig war. Dicht hintereinander schlichen sie am Schuppen entlang. Mina schaute um die Ecke, konnte aber die Buchstaben nicht erkennen. »Ich kann den Namen nicht lesen, ich gehe noch ein Stück weiter, bleib hier...«

Sie mußte erst wieder ihren Mut sammeln, ehe sie von der sicheren Schuppenwand zum Boot lief. Anna Lovinda. Der Name war mit blauen Buchstaben aufgemalt. Mina wollte sich gerade umdrehen und zurückrennen, als sie eine Stimme hörte: »Na, Kinder, macht ihr eine kneine Nandpartie?«

Gefangen

Alles ging so schnell. Mina blieb wie erstarrt stehen. Der große, dunkle Mann, der im Boot stand, war kein Fremder. Er hatte sich den Kopf kahlrasiert und trug schwarze Jeans und eine schwarze Lederjacke, was sein Gesicht besonders blaß aussehen ließ. Es war die *Stimme*, und er ließ seinen Blick von Mina zu Odin wandern, der hinter dem Schuppen hervorschaute. »Du brauchst dich nicht zu verstekken«, sagte er.

Minas Gehirn arbeitete auf Hochtouren. Versuchen konnte sie es ja immerhin. »Wir wollten nur einen kleinen Abendspaziergang machen, und da sind wir zufällig hier vorbeigekommen.«

Die *Stimme* lachte brutal. »Zufännig vorbei. Ha! Beim netzten Man hast du dich freigeschwommen, und auch das nur mit meiner Hinfe!«

Mina sah ein, daß sie ihn nicht austricksen konnte. »Lauf«, schrie sie Odin an, und zusammen stürzten sie den Weg hinauf. Die *Stimme* reagierte sofort, sprang auf den Anleger und nahm ihre Verfolgung auf. Als Mina ein Stück hinter Odin zurückfiel, bekam die *Stimme* sie am Arm zu fassen. »Loslassen«, schrie sie, und ohne zu überlegen, hämmerte sie mit den Fäusten auf ihn ein. Odin war stehengeblieben, kam zurück und mischte sich in den Kampf ein. Auf irgendeine Weise konnten sie die *Stimme* zu Boden reißen und hatten sich fast schon befreit. Odin versetzte ihm einen Tritt in den Hintern, aber er ließ Minas Jacke trotzdem nicht los.

»Loslassen, du Arschloch!« schrie sie.

Doch der Kampf war schon zu Ende. Mit einem lauten Krach wurde die Haustür aufgestoßen. In der Öffnung stand Schlaksi und zeigte mit einem Schrotgewehr auf sie. »Ja, ist das nicht meine Kanackenfreundin?« Schlaksi grinste bösartig.

Mina und Odin hatten sich gerade befreit. Das Gewehr

ließ sie erstarren. Schlaski mit dem Gewehr auf der einen Seite, und die *Stimme* auf der anderen – das Leben war ungerecht.

»Was soll das eigentlich, Leo? Hier schlafe ich ganz unschuldig, und du...«

Leo... Plötzlich sah Mina den Löwen aus ihrem Traum vor sich. Leo, sie hatte damals an dem Nachmittag im Imbiß diesen Namen gehört. Warum hatte sie sich die ganze Zeit nicht daran erinnert? Die *Stimme*, oder Leo, rappelte sich auf und wischte sich den Schmutz von den Kleidern. Er rieb sich den Hintern und starrte wütend zu Odin hinüber.

»Fresse, Schnaksi, schaff sie an Bord. Muß mit dem ›Paten‹ darüber reden.«

Mina und Odin wurden eine steile Leiter hinunter in einen Laderaum unter Deck gestoßen. Dort roch es muffig und faulig nach Fischen und Diesel, und von diesem Gestank wurde Mina schlecht. Die beiden Verbrecher diskutierten lebhaft, was sie jetzt machen sollten.

»Werfen wir sie doch einfach ins Meer!« meinte Schlaksi mehrere Male.

»Das können nicht wir entscheiden, dafür ist der ›Pate‹ zuständig. Fessen sie an Armen und Beinen, damit sie keinen Fnuchtversuch unternehmen können.«

Leo hatte ein kleines Mobiltelefon und tippte eine Nummer ein. Er war sichtlich wütend. »Noch immer keine Antwort. Es ist eben noch zu früh. Der ›Pate‹ kommt erst spätabends. Wir müssen die Rotzgören mit in die Stadt nehmen.«

Schlaksi hatte ein Seil geholt und fesselte Odin damit die

Arme. Der ließ es ohne zu murren mit sich geschehen, aber als die Reihe an Mina kam, bekam Schlaksi Probleme. »Au, das tut weh«, jammerte sie. »Das tut weh.« Sie schaffte es, in Tränen auszubrechen, und Schlaksi wurde ungeduldig. Er stank nach Suff und Schweiß und fluchte laut, während er sich damit abmühte, Mina zu fesseln. Sie und Odin wurden neben Kisten auf eine Matratze gelegt. Das war die einzige freie Stelle im Laderaum. Überall standen Kisten herum. Die Aufkleber sagten genug, es handelte sich um verschiedene Schnapsmarken und Zigarettenstangen.

Die beiden Männer kletterten wieder an Deck, und Mina und Odin waren ihrem Schicksal überlassen. »Was werden die wohl mit uns machen? Die können uns doch nicht ins Meer werfen?«

Odin schüttelte den Kopf. »Das glaube ich nicht, die bringen uns sicher nicht jetzt um. Aber das muß offenbar dieser ›Pate‹ entscheiden.«

Sie drängten sich aneinander, und das wirkte ein bißchen tröstlich. Unter Deck war es jetzt fast ganz dunkel, und Leo und Schlaksi schienen an Land gegangen zu sein. Es war still, sie hörten nur das Glucksen der Wellen und ab und zu einen Möwenschrei. Odin versuchte, Mina zu trösten, aber beide wußten, daß sie in einer argen Klemme steckten.

Das Netz zieht sich zusammen

Mina und Odin mußten lange warten, ehe sie Leo und Schlaksi wieder an Bord klettern hörten. Die beiden machten sich an Deck zu schaffen, dann ließen sie den Motor an, und das Boot tuckerte los. Schlaksi stieg die Leiter herunter, wollte aber nur eine Kiste öffnen und eine Flasche herausziehen.

»Brauch' 'ne kleine Stärkung, fühl' mich nicht wohl auf See«, erklärte er, öffnete die Flasche und trank in gierigen Zügen. Danach schüttelte er sich und rülpste aus vollem Halse. »Brauch' einen Angstvertreiber, hab' kein Vertrauen zu diesen Muskelheinis.« Offensichtlich war Schlaksi nach der Episode mit zwei auf die Nase und eine aufs Kinn noch immer sauer auf Leo. Der rief oben an Deck: »Finger weg vom Schnaps, Schlaksi! Wir brauchen ein paar Stunden bis zur Stadt, du mußt auf dem Teppich bleiben!«

In den nächsten Stunden kämpfte Mina gegen die Seekrankheit. Sie schloß die Augen und versuchte, an etwas Angenehmes zu denken, aber das half nicht. Ihr wurde nur noch schlechter.

»Ich muß kotzen«, sagte sie zu Schlaksi.

Der kam immer wieder nach unten, um sich einen Schluck aus der Flasche zu genehmigen. »Kotz du nur, hier stinkt es ohnehin schon!«

»Mir ist ganz schlecht, ich muß mich erbrechen.«

Sie schien Schlaksi doch ein bißchen leid zu tun. »Ich mach' die Luke weiter auf, dann kriegst du frische Luft.«

Die Fahrt dauerte eine Ewigkeit, und Mina war völlig fertig von der Übelkeit und auch von der Anstrengung, sich nicht zu übergeben.

Am Strand von Lindås liefen eine verzweifelte Mutter und ein verzweifelter Vater hin und her und riefen sich heiser. Es war jetzt dunkel, und sie konnten kaum noch etwas sehen. »Wir fahren zur Polizei und melden sie vermißt. Das sieht Odin überhaupt nicht ähnlich.« Thor nahm Sirens Hand und hielt sie fest. Ihre Hand war schweißnaß und ihr Gesicht leichenblaß. Sie hielten vor der Telefonzelle am Supermarkt. Thor rief an, aber bei Odins Mutter ging niemand ans Telefon. Danach fuhren sie zum Inselpolizisten. Der schickte die Meldung los, daß zwei Jugendliche vermißt werden. Die Meldung ging auch an die Polizei in Bergen.

In ihrer Wohnung in Minde saß die Großmutter im Bett, las einen Kriminalroman und hörte mit halbem Ohr den Polizeifunk. Sie hörte die Personenbeschreibung, aber erst, als der Name Melina Moya Monsen fiel, fuhr sie hoch. Sie drehte das Radio lauter und sprang aus dem Bett. »Mina-Kind«, jammerte sie und zog sich an.

Als der Fischkutter endlich am Kai anlegte, war Mina alles egal. Sie konnte fast nicht mehr gehen, und Leo, der stocksauer auf Schlaksi war, trug sie und Odin an Land. Schlaksi sang jetzt Seemannslieder und versicherte unentwegt, nur mi-ni-ma-hal getrunken zu haben. Ein großer Lieferwagen mit getönten Fensterscheiben stand unten am Anleger. Mina konnte sich kurz umsehen, ehe sie hineingestoßen wurde. Sie sah vor sich die Umrisse des hohen Sandviksgebirges, und in der Nähe lagen einige Bootshäuser. Entweder waren sie in Sandviken oder in Skuteviken, sie wußte es nicht genau. Immerhin erkannte sie den Fahrer, es war der Kellner aus dem »Smaragd«. Diesmal spielte er allerdings nicht den Clown. Wortlos und mit hängender Unterlippe hob er Kisten aus dem Boot auf den Anleger. Leo lud sie ins Auto, während Schlaksi zumeist im Weg stand oder Zigarettenstangen verlud. Auf der kurzen Fahrt in die Innenstadt herrschte Stille im Auto.

Wie Mina erwartet hatte, fuhren sie zum »Smaragd«. Sie fuhren auf den Hof und ließen das Auto bis zur Küchentür zurücksetzen. Mina und Odin wurden aus dem Wagen und durch die Küche ins Tanzlokal gezerrt. Leo stieß sie zu Boden. »Hier hast du unseren Fang. Diese kneine Dame und ihr Kavanier haben draußen auf Nindås rumgeschnüffent.«

Unter einem grellen Scheinwerfer saß ein Mann, der aussah wie ein ganz normaler Bürohengst. Er hatte nichts an sich, wodurch er in irgendeiner Weise aufgefallen wäre. Mittelblonde Haare, blaue Augen, viereckiges Brillengestell aus Metall, blaues Jackett, blaue Hose. Das einzige, was nicht mit seinem Bürohengstaussehen übereinstimmte, waren seine sorgfältig nach hinten gekämmten Haare. Sie schienen mit Gel oder Spray so arrangiert worden zu sein. Der Scheinwerfer ließ die Haare aussehen wie einen glänzenden Helm. Mina und Odin wußten sofort, daß sie es mit dem »Paten« zu tun hatten. Er wirkte kein bißchen angsteinflößend. Er erhob sich, er war eher klein. Odin überragte er jedenfalls nur ganz knapp.

»Ach, ihr habt also einen kleinen Ausflug gemacht.« Er lächelte, aber das Lächeln erreichte seine Augen nicht. Sein

Mund war wie ein Gummi, das gedehnt wurde und den hervorstehenden Unterkiefer entblößte. Mit beherrschter, leiser Stimme fügte er dann hinzu: »Habt ihr noch immer nicht gelernt, euch nicht in fremde Angelegenheiten einzumischen?«

Mina und Odin gaben keine Antwort. Der »Pate« steckte die Hände in die Tasche, zog seine Hose hoch und lief im Raum hin und her.

»Snoopy, komm und gib unseren Gästen was zu trinken, sie haben es sich redlich verdient. Snoopy?«

Der Kellner kam durch die Schwingtür und war sichtlich außer sich. »Wo steckt Tariq?!«

Whisky

»Was zum Henker soll das heißen? Könnt ihr nicht besser aufpassen? Leo, sieh im ganzen Restaurant nach, auch auf den Toiletten! Der hat sich sicher irgendwo versteckt.«

Der »Pate« zeigte sich von seiner besten Seite. Sein Gesicht war jetzt knall-lila, und er starrte Odin und Mina wütend an. »Laß diese Kinder vollaufen, wir müssen eine Lösung finden! Ihr müßt sie wahrscheinlich zurück nach Lindås fahren. Zwei betrunkene Jugendliche, die da draußen rumtorkeln, das wäre eine Möglichkeit...«

Der Snoopykellner ging hinter den Tresen und füllte zwei Wassergläser mit einer braunen Flüssigkeit.

»Ein Lob dem kühlen Trunke! Prost, junge Dame, hier ist ein kleiner Whisky.« Er beugte sich über den Tresen und gab Mina das eine und Odin das andere Glas, und dabei fletschte er in einem breiten, falschen Grinsen die Zähne. Mina begriff plötzlich, warum er Snoopy genannt wurde. Sie nippte an ihrem Glas. Es roch und schmeckte scheußlich.

»Trinkt jetzt beide, sonst wird Leo euch alles mit Gewalt eintrichtern!« Der »Pate« ließ sie nicht aus den Augen. Sie spürten seinen eiskalten Blick, und beide gaben sich alle Mühe, um ein wenig von dem Whisky herunterzuwürgen.

Das Telefon schellte. Alles fuhr herum. Dann nickte der »Pate«. Snoopy nahm ab. »Nachtklub Smaragd.« Er lauschte und erbleichte, legte die Hand auf die Sprechmuschel und flüsterte dem »Paten« zu: »Die Polizei!«

Mina und Odin konnten es deutlich hören.

In diesem Moment kam Leo durch die Schwingtür gestürzt.

»Tariq ist wie vom Erdboden verschwunden. Der ist bestimmt abgehauen!«

Der Zeigefinger, den der »Pate« hob, sorgte dafür, daß alle den Mund hielten. Der »Pate« schnappte sich den Hörer und sagte: »Hier ist Lilleås. Worum geht es?« Mit ausdruckslosem Blick hörte er zu, aber die Schweißtropfen auf seiner Oberlippe verrieten ihn. »Kann schon sein, der hat hier gearbeitet. Ob ich jetzt auf die Wache kommen kann? Es ist ganz schön spät, hat das nicht Zeit bis morgen?«

Mina hatte jetzt Blickkontakt zu Odin, und wie auf Kommando sprangen sie von ihren Barhockern. Mina schrie als erste los. »Hiiiilfe!« Gleichzeitig trat sie kraftvoll gegen einen hohen Ständer mit Körben und sauberen Biergläsern. Sie hatte das Gefühl, über Bärenkräfte zu verfügen, und sie konnte den Ständer umreißen, ehe Leo sich aufgerafft hatte. Er stand zwischen hundert zerbrochenen Gläsern da.

Dem »Paten« fiel das Telefon aus der Hand, und das war das letzte, was Mina sah, ehe sie in die Küche rannte und auf die Hoftür zuhielt. Sie machte sich am Schloß zu schaffen, während sie Geschrei und Schläge aus der Bar hörte. Die Tür war abgeschlossen. Mina blickte sich um. Gegenüber war eine offene Tür. Sie riß sie auf. Dahinter lag eine Treppe, die nach oben führte. Jetzt kam Leo durch die Schwingtür in die Küche gehinkt. »Verdammte Rotzgöre«, fauchte er.

Auf dem ersten Treppenabsatz gab es mehrere Türen. Alle waren abgeschlossen, bis auf eine. Mina riß sie auf und stand in einer alten Garderobe. In einem Raum ohne Fenster, in dem es nur Eimer und alten Trödel gab. Keine Chance. Mina rannte weiter nach oben. Doch alle Türen waren abgeschlossen.

»Gib nieber gneich auf, die Treppe führt nirgendwo hin.« Leo versuchte, ihr alle Hoffnung zu nehmen.

Aber nun hörte sie die Martinshörner. Sie kamen näher. Und sie war fast ganz oben. Was sollte sie tun? Es gab keine Türen mehr. Nur ein kleines Fenster. Ohne zu zögern, riß sie es auf und sah einige Stockwerke unter sich zwei Streifenwagen vor dem Eingang des »Smaragd« halten.

»Hiiiiiiilfe, die bringen mich um, hiiiiilfe, sonst werde ich umgebracht!« rief sie in die Nacht hinaus.

Als sie Atem holte, sah sie Leo unten auf dem Treppenabsatz stehen. Haß brannte in seinen Augen. »Normanerweise bringe ich keine kneinen Mädchen um«, sagte er, dann lief er wieder nach unten. Er war fast unten angekommen, als Mina aus dem Fenster schrie: »Die Hintertür! Der Bankräuber läuft sonst weg!«

Mina lauschte eine Weile, ehe sie sich wieder nach unten traute. Auf halber Treppe begegnete ihr eine Polizistin. »Bist du Melina?«

Mina nickte und merkte, daß sie am ganzen Körper zitterte. »Habt ihr die Verbrecher? Ich gehe erst runter, wenn Leo und der ›Pate‹ verhaftet sind.« Mina hatte das Gefühl, langsam hysterisch zu werden.

»Keine Angst, komm jetzt einfach mit!« Die Polizistin nahm Minas Arm, und es war einfach beruhigend, auf diese Weise nach unten geführt zu werden.

Unten in der Bar standen der »Pate«, Leo, der Kellner und Schlaksi am Ausgang. Sie sahen aus wie ungezogene Schüler in der Schandecke oder vielleicht wie Napoleon mit seinem geschlagenen Heer – und alle trugen Handschellen mit großen Schlössern....

Odin saß auf der Treppe und rieb sich den Fuß, dabei redete er mit einem Polizisten. Es war das *Skelett*, der Beamte, dem Mina nach ihrer Schwimmnummer auf der Wache begegnet war. Jetzt war er schon besser gelaunt, und als er Mina sah, kam er auf sie zu und klopfte ihr auf die Schulter.

»Na, Mina, du hast also angerufen und das Geheimnis schließlich aufgeklärt. Wer ist denn nun der Bankräuber?« Mina sah Leo an und nickte. »Der da, aber es war...« Sie zeigte auf den »Paten«, »ich erinnere mich an die Stimme, und der da hat gesagt: Leo, du mußt das heute machen. Die Bank überfallen...«

Das *Skelett* breitete die Arme aus. »Wir haben genug Beweise für die Machenschaften dieser Bande gefunden. Die haben hier ganz schön viel Schnaps gelagert, und im Moment wird auch das Grundstück auf der Insel durchsucht.«

Schlaksi schwankte: »Ich wollte nur sagen, daß ich nichts mit dem Banküberfall zu tun hatte. Ich bin zusammengefaltet worden...«

»Darüber reden wir auf der Wache.« Das *Skelett* drehte sich zu Mina um. »Ein Freund von dir, ein gewisser van der Eyk, ist schon bei uns und kümmert sich um einen Pakistani, der hier gearbeitet hat. Armer Junge, der hat hier rund um die Uhr für einen Hungerlohn geschuftet. Ein Glück, daß van der Eyk mit ihm zu uns gekommen ist, um den Arbeitgeber zu verklagen. Na ja, gehen wir doch alle hin, und schreiben wir das Protokoll!«

Sie gingen zu den wartenden Streifenwagen. Der »Pate«, die *Stimme* und Snoopy wurden jeweils von einem Polizisten geführt, Schlaksi quengelte noch immer, die anderen waren wie stumme Fische.

Eine kleine Dame mit wehenden Dauerwellen und flatterndem Rock kam angerannt. »Mein Mina-Kind!« Sie umarmte Mina, küßte und herzte sie.

»Das ist meine Großmutter«, erklärte Mina dem *Skelett*.

»Woher weiß sie denn, daß du hier bist?«

Alfhild richtete sich auf. »Ich habe eben Intuition, junger Mann. Nicht wahr, Mina?« Mina nickte.

Gier und Dummheit

Es wurde eine seltsame Nacht. Lange Erklärungen und allerlei Verwirrung. Mina erzählte noch einmal alles, was sie wußte. Odin konnte vieles bestätigen, und Cecilie würde ja auch noch befragt werden. Die *Eiche* saß zu ihrer Beruhigung dabei und half ihnen mit dem Papierkram. Und Alfhild saß wie eine kleine gute Hexe neben Mina und paßte auf.

Es stellte sich heraus, daß Odin sich den Fuß verletzt hatte, oder, genauer gesagt, der Kellner Snoopy war mit seinem ganzen Gewicht auf Odins Fuß gestiegen, was ihre Schlägerei entschieden hatte. Aber schließlich hatte Odin sich mit Snoopy und dem »Paten« gleichzeitig geprügelt. »Zwei gegen einen ist feige«, war Minas Kommentar. Odin wurde schnell zum Arzt gebracht, wo sein Fuß verbunden wurde. Inzwischen hatte Siren angerufen und eine vereinfachte Version der Ereignisse dieser Nacht erhalten. Das *Skelett* hatte ihr versichert, daß beide Kinder unversehrt seien und bald nach Hause gebracht würden. Siren und Thor waren schon unterwegs in die Stadt, und deshalb bot die Polizei an, Mina und Odin in Minas Wohnung zu fahren.

»Warum haben sie die Bank überfallen?« Mina blickte das *Skelett* fragend an.

»Wahrscheinlich aus Geldmangel. Schnaps hat eben auch seinen Preis, sie mußten eine größere Lieferung bezahlen, und sie hatten zuwenig Geld in der Kasse. ›Der Pate‹ fand einen einfachen Weg, um reich zu werden. Wohin die Gier die Menschen doch treibt!« Das *Skelett* schüttelte den Kopf. »Und wie dumm! Einen Banküberfall im Hinterzimmer eines Imbiß zu besprechen! Dieser Imbiß war nur eine Tarnung für den Schnapsverkauf. Aber Lilleås hatte sich dafür den Falschen ausgesucht. Schlaksi hat die Ware selber gesoffen. Der Schnaps wurde so lange in den Restaurants gelagert, bis er weiterverkauft werden konnte. Tariq hat dort geschuftet, aber er hat nicht zu der Bande gehört. Er wurde brutal ausgebeutet, und er wird gegen den ›Paten‹ und die anderen aussagen. Und dann haben wir ja auch noch alles, was du mit deinen Freunden bezeugen kannst.« Das *Skelett* war sichtlich zufrieden.

Schließlich waren alle Aussagen gemacht und unterschrieben. Großmutter Alfhild mußte überredet werden, mit einem Taxi nach Hause zu fahren. Die Polizei spendierte Mina, Odin und der *Eiche* einen weißen Volvo mit uniformiertem Fahrer. Die *Eiche* saß vorne, Mina und Odin glitten auf dem Rücksitz durch die stillen Straßen einer Stadt, die bald erwachen würde. Mina sah Odin an: »Das haben wir doch gut gemacht, findest du nicht auch?«

»Gut?« Er sah sie an. »Gut? Ich habe noch nie jemand nach nur einem Schluck Whisky dermaßen rumtoben sehen!«

Kinderbücher ab 10

Rudolf Herfurtner
Rosalinds Elefant und Rudis Rakete
Illustriert von Reinhard Michl
OMNIBUS Nr. 20122
Rudolf Herfurtner, ein sensibler Erzähler, hat ein schönes Kindheitsbild aus der Nachkriegszeit, aber auch ein dem Lesealter angepaßtes Zeitdokument geschrieben.

Uta Koppel
Katja Pfifferling
Band 1 der Serie
OMNIBUS Nr. 20090
Katja schreibt alles, was sie bewegt, in ihr »Geheimbuch«, aber auch, was sie mit Mam, Paps, den Zwillingen und Freundinnen so erlebt ...

Uta Koppel
Katja Pfifferling in Venedig
Band 2 der Serie
OMNIBUS Nr. 20092
Katja darf zu Tante Maria nach Venedig fahren. Natürlich hat sie ihr »Geheimbuch« dabei – schließlich will sie die lustigen und traurigen Erlebnisse aufschreiben ...

Merete Kruuse
Schluderike
Illustriert von Heinz Bogner
OMNIBUS Nr. 20005
Die 12jährige Rike und ihre Altersgenossen werden in der Schule von den Großen ständig überstimmt; deshalb gründen sie eine eigene Schülerzeitung ...

Jean Little
Alles Liebe, Deine Anna
OMNIBUS Nr. 20006
Annas Familie wandert Anfang der 30er Jahre nach Kanada aus. Dort endlich findet das sehbehinderte Kind zu sich selbst. – Ausgezeichnet mit dem Jugendbuch-Preis »Die Silberne Feder« des Deutschen Ärztinnenbundes!

Günter Rudorf
Ali und die Spaghettibande
Band 1 der Serie
Illustriert von Ingeborg Haun
OMNIBUS Nr. 20065
Ali gerät durch Zufall einem aufregenden Geheimnis auf die Spur: Diamantenschmuggel! Klar, daß dies ein Fall für die pfiffige Spaghettibande ist. – Mit 13 leckeren Spaghettirezepten!